# CRÉER UN MUR VÉGÉTAL

en intérieur et en extérieur

**Remerciements**
L'auteur remercie toutes les personnes lui ayant apporté leur concours et sans qui ce livre n'aurait pas été possible, en particulier :

Patrick Blanc
Laurent Straboni
Franck Henriet
Gérard Pontet
Xavier Laureau
Léon-Hugo Bonte
...



**Crédits photographiques**
Toutes les photos sont de Jean-Michel Groult, à l'exception de :
Véronique Lalot : p. 11, 23, 28-29, 30, 32-33, 58-59, 88, 90-91, 99 et pour la couverture ;
MAP/Arnaud Descat : p. 145 ; Jardin Express : p. 170 ; Ailanthus : p. 83
Pascal Héni : p. 13

Illustrations de :
Michel Szlazak : p. 21, 40, 41, 47, 49, 54, 55, 56, 74, 77, 86, 96, 97
Zarza : p. 37, 69, 73, 79, 101

ISBN : 978-2-84138-330-6

8 rue Blanche 75009 Paris
Tél. : 01 48 05 03 03 — Fax : 01 48 05 02 04
www.editions-ulmer.fr
Conception graphique : Guillaume Duprat
Réalisation : Belle Page, Boulogne
Responsable éditorial : Anna Crine
Impression : Printer Trento
Dépôt légal : 2e trimestre 2008
Printed in Italy

N° d'édition : 330-02

FSC
Sources Mixtes
Groupe de produits issu de forêts bien gérées et d'autres sources contrôlées

Cert no. CQ-COC-000012
www.fsc.org

JEAN-MICHEL GROULT

# CRÉER UN MUR VÉGÉTAL

## en intérieur et en extérieur

ULMER

# SOMMAIRE

# AVANT-PROPOS

La végétalisation d'un mur a quelque chose de magique : celle de faire prospérer des plantes là où, sans l'intervention de l'homme, la nature n'aurait rien autorisé. L'engouement actuel pour cette approche repose pour beaucoup sur le travail mené par le célèbre botaniste Patrick Blanc. Ses réalisations à travers le monde ont démontré la viabilité de sa démarche : réintroduire le végétal d'où on l'avait banni.
Si elle a porté ses fruits à de grandes échelles, comme des façades entières, il n'y a pas de raison qu'il en aille autrement à une dimension plus réduite. Que ce soit en intérieur ou en extérieur, la végétalisation des parois offre un jardin à l'amateur. Car il ne s'agit pas seulement de « faire pousser du vert » – du lierre suffirait – mais bien de jardiner. De plus, les murs végétaux permettent à de nombreuses personnes privées de la possibilité de jardiner (par exemple si leur mobilité est réduite) de retrouver un contact intense avec le monde végétal.
Notre approche n'est pas, comme vous le verrez au fil des pages, celle d'architectes, de paysagistes ou de designers. Nous avons choisi de vous faire partager notre passion et notre expérience, accessible à tous. Aménager une composition murale verdoyante revient en effet à créer un massif végétal, que vous verrez grandir, évoluer et qu'il vous faudra entretenir. Du vrai jardinage, possible partout !
Bonne végétalisation !

Jean-Michel Groult

# INTRODUCTION

## L'EXEMPLE DE LA NATURE

Conquérir les murs et les parois pour y installer une végétation dense n'est pas une idée issue du génie humain. En effet, de telles installations se rencontrent dans la nature et ce, sous une grande variété de climats. Des Pyrénées aux Antilles, des grandes chutes d'Amérique du Nord à l'Asie, les parois conquises par la végétation se rencontrent en de nombreux endroits, des plus septentrionaux aux milieux tropicaux, pourvu que les conditions suivantes soient réunies :

- une paroi présentant une rugosité minimale (fissures, pores, etc.) permettant aux plantules de prendre pied ;
- une irrigation quasi continue et régulière de cette paroi ; en cas d'interruption de l'approvisionnement en eau, les plantes trouvent l'eau en profondeur dans le milieu poreux ou les failles grâce à leur système racinaire. Sinon elles périssent.

Cette conjonction de facteurs se rencontre assez fréquemment, en particulier à proximité des cascades mais aussi des sources, sur les versants ombragés des rochers suintants, etc. C'est la raison pour laquelle les parois végétalisées sont aussi répandues dans la nature. L'œil exercé repérera d'ailleurs de telles conditions au pied de nombreux édifices, comme les moulins, les lavoirs, les écluses, etc. Les roches suintantes y sont fréquemment colonisées par une végétation formant une sorte de cordon, délimitée dans sa partie inférieure par l'eau courante et dans sa partie supérieure par la roche sèche. On notera que la flore qui s'y développe appartient pour une part aux espèces hygrophiles (qui aiment l'eau et/ou l'humidité), tandis que l'autre part (minoritaire par rapport à la précédente) appartient aux plantes plutôt adaptées à la sécheresse. Ce paradoxe apparent tient au fait qu'en cas d'assèchement temporaire du milieu, les plantes hygrophiles entrent en repos forcé (on parle parfois d'estivation, en référence à l'hibernation), alors que les plantes aux tissus charnus restent en végétation.

Une paroi suintante comme on peut en voir dans de nombreux milieux tropicaux : la végétation se contente des nutriments dissous dans l'eau qui ruisselle le long de la roche.

Ici, la cascade est trop vive pour qu'un couvert végétal s'installe, même si son débit est finalement assez faible. C'est la richesse de l'eau et bien son parcours en surface qui permet l'établissement d'une végétation.

### Qualité de l'eau

Côté nutrition, il convient de noter que ce ne sont pas forcément les eaux les plus riches qui conduisent au meilleur recouvrement des roches. Des eaux très chargées en éléments nutritifs vont avoir tendance à favoriser une prolifération d'hépatiques (plantes ressemblant à des algues, voir page 107) ou de cyanobactéries. Cette « floraison » imperméabilise en quelque sorte la surface et rend très difficile l'implantation des végétaux. La croissance de ces tapis est si rapide et ils sont si denses que la surface en est totalement couverte, empêchant tout autre plante d'y prendre pied. Au contraire, si l'eau n'est pas trop chargée en éléments nutritifs, la flore sera au contraire plus variée car il n'y aura pas de plante dominante (et pas d'hépatiques en particulier). L'excès peut donc nuire au nombre. Mais il faut en revanche que les eaux contiennent un minimum d'éléments nutritifs pour que les plantes puissent former un couvert appréciable.

Une paroi couverte de polypode vulgaire, tolérante au desséchement mais exigeant un miminum d'humidité en période de croissance. Simple lorsqu'on le voit dans son milieu naturel, ce genre d'arrangement n'est pas forcément évident à reproduire !

### Ensoleillement

Aussi important que la qualité de l'eau, l'ensoleillement est aussi un facteur déterminant pour la survie de la communauté végétale de ces lieux suintants. Un site trop exposé aura tendance à se dessécher en été, éliminant les végétaux installés durant les saisons précédentes et trop fragiles pour subsister dans des conditions sèches. Une faible quantité de lumière, quant à elle, conditionnera le développement de végétaux supportant l'ombre. Les fougères sont bien sûr les plus performantes dans de telles conditions. On peut ainsi croiser d'immenses banquettes de polypodes qui n'ont rien à envier aux Tropiques.

Dans les pays chauds, les compositions végétales à fleur de paroi prennent des dimensions fabuleuses, puisque certaines peuvent s'étendre sur des milliers de mètres carrés. Une extraordinaire falaise de végétation surprend alors le spectateur, perdu au sol dans les draperies végétales qui s'agglutinent aux racines pendantes. Au pied des falaises végétales se concentre aussi toute l'eau : l'observateur, vite trempé, se rend bien compte de la quantité de fluide qui transite par cette composition née des hasards de la nature !

## Des systèmes qui miment la nature

En France, c'est le botaniste Patrick Blanc qui a inventé le premier système recréant ces conditions (voir page 12). Depuis, d'autres techniques se sont fait jour, déclinant la végétalisation des parois sous de nombreuses formes. On note d'ailleurs une certaine bataille technologique entre fabricants. Toutes ont pour moteur le formidable engouement que les créations de Patrick Blanc ont déclenché. Elles prennent leurs racines dans un courant architectural ancien, mariant intimement le végétal au bâti. Les essais ont été nombreux, mais il semble que la technique et les goûts se soient alliés pour de bon. On doit donc s'attendre à davantage de verdure sur les façades dans les années à venir.

Outre l'intérêt purement **esthétique** qui vise à convertir une surface sèche en composition végétale, cette technique a aussi des avantages environnementaux sur le bâtiment. La toison végétale joue le **rôle d'isolant** (pas complètement efficace mais significatif), en hiver mais surtout en été. La végétation évaporant, elle transforme l'eau liquide en vapeur grâce à l'énergie qu'elle reçoit. Ainsi une surface végétale sera toujours plus fraîche qu'une surface sèche. Et même si cela n'est pas à proprement parler écologique, une façade végétale atténue beaucoup le bruit dit directif (celui issu de la circulation).

Il est intéressant de noter la spécificité de l'approche française, très axée sur l'aspect esthétique de la végétalisation et non pas sur son aspect utilitaire. La situation est différente outre-Atlantique. Cette façon de végétaliser a pour but principal d'**épurer** l'air, plutôt que d'orner un bâti.

## L'épuration de l'air

Ce n'est pas une invention ou une vaine superstition à la façon du jardinage avec la Lune : **les plantes d'intérieur et d'extérieur débarrassent réellement l'air de ses polluants.** Encore faut-il s'entendre sur ce qu'on appelle épuration. Les végétaux en intérieur agissent sur deux facteurs :

- le taux de gaz carbonique, qu'elles abaissent en le captant par les feuilles. Précisons que la présence d'une plante dans une pièce n'entraîne aucun risque de dégagement de $CO_2$ mais bien l'inverse, puisqu'elles s'en nourrissent.
- le taux de composés organiques volatils (**COV**). Ces substances sont présentes dans l'air ambiant sous forme de gaz, dégagés par les colles, les matières synthétiques, les solvants, etc. Leur rôle nocif pour la santé est maintenant reconnu et certains sont classés comme cancérigènes. Des études indépendantes menées par des unités de recherche françaises, allemandes et américaines ont toutes trois conclu à l'efficacité de la filtration végétale. Les plantes diminuent le taux de poussières d'ammonium, qui représentent 40 % des poussières émises au niveau des voies de communication. Elles agissent également sur les composés organiques comme le formaldéhyde (ou formol) émis par les matériaux de construction (cloisons sèches, colles, etc.) ou encore les solvants dissous sous forme gazeuse dans l'air. En revanche, les trois études citées ont également conclu que pour que les plantes puissent jouer leur rôle d'épuration, elles devaient disposer d'un **substrat**. Les bouquets de fleurs, par exemple, n'ont qu'une efficacité réduite (voire pas du tout). Car les micro-organismes vivant dans le substrat des plantes sont en grande partie responsables de ce phénomène de filtration de l'air. Les organes végétaux jouent le rôle de capteurs, tandis que ce sont les bactéries du sol qui dégradent les composés en question. L'un ne va donc pas sans l'autre.

## Une efficacité variable selon les plantes

**Le degré d'épuration de l'air varie selon le type de végétal et l'intensité de sa respiration.** L'étude allemande a ainsi révélé que les mousses vivantes avaient un pouvoir d'épuration très important (jusqu'à 20 g de particules par $m^2$). Mais cette caractéristique est aussi liée à la forme du végétal : les formes « mousseuses » à très petites feuilles, mais innombrables, offrent en réalité une très importante surface d'échange avec l'air environnant.

L'étude française a déterminé qu'une seule plante à grandes feuilles (un philodendron ou un caoutchouc) suffisait pour capter la majeure partie des polluants émis dans une pièce au cours d'une journée. Une paroi végétale n'aura donc pas un rôle anecdotique et il est probable, si sa surface est assez grande, qu'elle pourra épurer tout l'air d'un appartement ou d'une maison.

Pour preuve, l'Université de Guelph-Humber à Toronto (Canada) s'est équipée d'un « mur de plantes » (*plant wall* en anglais) dans le hall d'un de ses bâtiments. L'air effleurant le mur est débarrassé de 90 % de son formaldéhyde. Les promoteurs du projet ont avancé comme autre effet attendu la diminution de l'absentéisme (dont il semble qu'une partie soit occasionnée par un mal-être perçu dans le bâtiment), un intérieur végétalisé augmentant le bien-être dans un espace.

À la lueur de ces résultats, il est donc évident que les compositions végétales ont un intérêt de premier ordre pour assainir l'air que nous respirons. Elles seront d'autant plus efficaces que les plantes cultivées disposeront d'un substrat sur lequel les bactéries pourront se fixer. Il est donc très probable que les murs les plus « vivants » seront les plus efficaces en la matière.

Un autre exemple de mur végétal naturel venu des Tropiques : une paroi couverte de sphaigne vivante et colonisée par quelques végétaux (dont des fougères du genre *Gleichenia*). Qui dit sphaigne dit milieu peu nutritif, donc un couvert maigre. Mais ce mur vivant possède un très important pouvoir purificateur.

Dans les espaces clos, les créations de Patrick Blanc (comme ici, à Boulogne-Billancourt) ne manquent pas d'intriguer le passant. Elles ont aussi un rôle de régénération de l'air qui n'est pas négligeable, notamment en ce qui concerne la filtration de composés volatils toxiques.

# L'HOMME QUI TRANSFORME LES MURS EN JARDIN

L'ouverture au public du musée du Quai Branly a été très remarquée. Parmi les singularités de cet établissement, on aura surtout montré la façade végétale conçue par Patrick Blanc, dont les réalisations se sont ainsi trouvées sous les feux de la rampe. Le botaniste tropicaliste n'en n'était pourtant pas à son coup d'essai, loin s'en faut. Mais remontons aux sources.

C'est au cours de ses innombrables voyages au cœur des écosystèmes tropicaux que notre chercheur a pu observer des parois suintantes couvertes de végétation semblant défier les lois de la gravité. Ses connaissances remarquables lui ont permis de comprendre le système. Restait à le recréer en imitant la nature. C'est ainsi qu'à force d'essais, il réussit à l'égaler. La surpasser, même ! Car, si en intérieur la chose était imaginable sur le papier, il n'en allait pas de même pour les parois extérieures. Recréer une falaise tropicale sous nos climats était alors une gageure... mais pas impossible pour Patrick Blanc ! La Cité des sciences et de l'industrie accueillit ainsi en 1988 sa première réalisation visible au public, suivie ensuite par un mur végétal réalisé pour le parc floral de Paris en 1994. Celles-ci ne furent pas autant remarquées que le mur végétal du quai Branly, peut-être parce qu'il y manquait un geste architectural fort destiné à le mettre en scène. Les années qui suivirent furent l'objet d'un engouement croissant pour ses créations, puisqu'il compte maintenant à son actif des dizaines de murs végétaux.

Les murs végétaux de Patrick Blanc reposent sur une structure simple, mais qui a fait ses preuves : des panneaux couverts de nappe horticole, sur lesquels des végétaux sont fixés. Chaque réalisation est unique, non seulement par le dessin selon lequel les végétaux sont implantés, mais également par le choix des espèces et variétés que le botaniste a choisies. Ceux-ci représentent une palette d'une diversité inouïe (il utilise jusqu'à 400 espèces pour une même réalisation) et qui ne cesse de s'agrandir. On doit en effet à Patrick Blanc d'avoir introduit de fort intéressantes plantes en culture en Europe. Cet assortiment crée un foisonnement végétal sans égal et donne véritablement l'impression de faire face à un jardin vertical, lorsqu'on lève la tête pour en admirer l'étendue ! Ses réalisations ont hélas deux points faibles, auxquels Patrick Blanc ne peut pas grand-chose : le manque d'entretien de la part des propriétaires des murs végétaux dans certains cas et le vandalisme urbain. Mais c'est une caractéristique propre à tous les jardins, et pas seulement aux murs végétaux.

Cet emploi sans limite de la plasticité des végétaux a donc permis l'installation de murs végétaux dans de très nombreux lieux, pour le compte de collectivités, de bureaux ou de particuliers éclairés. Nombreux sont aussi les centres commerciaux et les entreprises ayant fait appel aux murs végétaux, les premiers pour apporter une touche de fraîcheur dans les galeries et les secondes pour affirmer leur lien avec la nature. D'abord métropolitaines, les réalisations de Patrick Blanc ont essaimé en dehors de l'Hexagone. Ses projets actuels, de

Patrick Blanc au pied d'une cascade, en Thaïlande. C'est en observant les milieux naturels que le botaniste a mis au point sa technique, muée depuis en démarche artistique (Photo Pascal Héni).

grandes dimensions, s'orientent vers les grandes cités de l'Asie tropicale. Mais ce qui motive le plus notre botaniste tient à la végétalisation de lieux difficiles et qui, sans cette intervention, seraient dépourvus de toutes formes de vies observables. C'est ainsi que des lieux improbables, comme les parkings souterrains ou les dessous de ponts peuvent se voir d'un coup débordés par la végétation. Après la végétalisation totale (comme cette maison en Belgique ou cet immeuble aux Canaries, entièrement recouverts de verdure, y compris sur le toit), Patrick Blanc compte bien s'attaquer à d'autres défis !

Pour en savoir plus :
www.murvegetalpatrickblanc.com

# DE LA NATURE **À LA CULTURE**

La nature nous fournit de superbes exemples de végétalisation à la verticale. Mais ceci n'a pu s'opérer qu'au prix de conditions particulières. Pour parvenir à un résultat similaire, il vous faudra donc recréer les facteurs qui permettent à des plantes de coloniser une telle surface. Ce chapitre a donc pour objet de vous présenter les paramètres qu'il faut prendre en compte et qui vous permettront notamment de déterminer quoi installer et où.

La célèbre façade végétale du musée du Quai Branly à Paris (création P. Blanc) : une belle illustration des possibilités de végétalisation, lorsque la technique est bien maîtrisée.

# L'EAU

Sans eau, pas de vie et, bien sûr, pas de végétation. Les exemples fournis en introduction ont montré que la végétalisation d'une surface, dans la nature, apparaît à cause d'un suintement à la surface de celle-ci, même si le liquide qui s'écoule n'était pas très riche. Les racines des plantes ne doivent jamais sécher sous peine de provoquer leur perte et celle de la plante. La plante évapore en permanence de l'eau à la surface des feuilles : c'est comme cela et pas autrement que la sève monte à travers les tiges et les branches !

## Importance du substrat

Soit les racines se trouvent dans un substrat pouvant retenir l'eau (de la terre comportant une certaine part d'argile et de limons, ces fines particules jouant le rôle d'éponge) et les eaux de pluie peuvent suffire dans bien des installations, soit elles sont constamment humectées, via un apport d'eau extérieur.

Les racines des végétaux poussant dans un substrat détrempé sont moins ramifiées mais plus effilées que leur équivalent de milieu plus sec.

Dans le premier cas, celui où les plantes sont cultivées à la verticale en gardant le pied dans un substrat traditionnel – voir page 32 pour le détail de telles installations – il faut prévoir soit un arrosage automatique via un système de tuyau, soit un arrosage manuel comme pour toute plante en pot. Il n'y a là rien de difficile.

Dans le second cas, celui dans lequel les plantes ne disposent pas de terre pour asseoir leurs racines mais poussent dans un milieu artificiel, il en va tout autrement. Il ne s'agira pas d'arrosage simple et permanent, mais d'une irrigation à base de solution nutritive diluée dans l'eau. L'eau devra alors ne pas comporter de calcaire ou très peu. Le calcaire, composé d'ions calcium et magnésium et associé à des ions bicarbonates, entrave la bonne absorption des éléments nutritifs dissous dans l'eau par les racines. Tout se passe comme si ces composés séquestraient de façon chimique les autres sels minéraux.

## Taux de calcaire

Le taux de calcaire de l'eau est mesuré à l'aide du titre hydrométrique (TH). Un TH supérieur à 30 indique que l'eau est dure (c'est-à-dire très calcaire) ; il faudra donc l'adoucir ou recourir à une autre source d'eau. Le TH de votre eau est obligatoirement mentionné sur votre facture annuelle d'eau (c'est une disposition légale). Sinon,

Dans cet exemple naturel, on comprend bien que l'eau joue un rôle clé dans le maintien de la végétation.

renseignez-vous auprès de votre compagnie. Pour les jardins verticaux, un TH inférieur à 15 est préférable. L'eau de pluie, si vous avez la possibilité de vous en procurer, offre la meilleure solution. Sinon, vous pourrez investir dans un petit appareil, nommé osmoseur, qui débarrasse l'eau d'une grande partie de ses sels minéraux. Le volume d'eau à traiter pour un mur à végétaliser étant assez faible (jusqu'à quelques centaines de litres), un petit appareil suffira amplement puisque vous l'utiliserez de temps à autre, au moment de « refaire le niveau » de votre cuve. Comptez quelques dizaines d'euros à peine pour un appareil pouvant traiter plusieurs centaines de litres, à la demande. Évitez en revanche les adoucisseurs d'eau, dont le fonctionnement consiste à troquer les sels de calcium et de magnésium contre du sodium et du potassium, plus solubles. Les plantes n'aiment le sodium qu'en quantité très modérée et une telle eau pourrait représenter un frein à leur croissance.

En revanche, il faudra ajouter à cette eau de quoi nourrir les plantes : c'est là que la technique commence...

# LES NUTRIMENTS

Par nutriment, on entend tous les composants absorbables par une plante, qui lui permettent de pousser dans de bonnes conditions. Il s'agit de sels minéraux (sels de potassium, calcium, etc.), sous des centaines de formes. Pour faire simple, on peut classer ceux-ci en deux catégories : les macro-éléments et les oligo-éléments. « Macro » pour « principal » et « oligo » pour « rare ».

## Les macro-éléments

Peu nombreux, ils regroupent les catégories de nutriments dont la plante a besoin en grande quantité. Les sels de potassium, de phosphore, de soufre, de magnésium et l'azote en font partie. Sans eux, la croissance de la plante est nulle. Ce sont les composants de base des engrais, qui parfois ne comportent que trois types de composés : l'**azote** (N), le **phosphore** (P) et le **potassium** (K). L'azote favorise les parties vertes de la plante, tandis que le phosphore est nécessaire dans les racines et la potasse dans les tiges. Un engrais « de base » se caractérise par la teneur de chacun de ces trois composants. Ainsi, un engrais « NPK 20-10-10 » indique qu'il contient deux fois plus d'azote (N, ici égal à 20 % de la masse) que de phosphore (10 %) ou de potasse (10 %). C'est un engrais fort mais frustre, puisqu'il y manque les autres macro-éléments dont la plante a besoin (soufre, magnésium, calcium, fer, etc.), ainsi que les oligo-éléments. Avec un engrais ne contenant que le trio NPK, une plante ne poussera quasiment pas, par manque des autres éléments.

## Les oligo-éléments

Ils recensent les nutriments dont la plante a besoin en petite quantité mais de façon indispensable, puisqu'elle ne peut pas les produire elle-même. On y trouve de nombreux sels minéraux (zinc, bore, sélénium, etc.) mais aussi des molécules organiques. Une plante manquant d'un oligo-élément souffrira d'une **carence**, qui ralentira ou bloquera sa croissance. La carence la plus connue est la **chlorose ferrique** : le manque de fer conduit la plante à former des feuilles décolorées au point d'en devenir jaune pâle. Ce cas est très fréquent en terrain calcaire, surtout sur les végétaux de terre de bruyère.

Pour garantir une bonne croissance aux plantes poussant en milieu artificiel, il faudra donc leur fournir les nutriments en qualité et en quantité. Rassurez-vous, nul besoin de vous transformer en chimiste ! D'abord parce que les solutions du commerce, à condition de bien les choisir (toujours prendre des **engrais complets** avec oligo-éléments), donnent de très bons résultats. Il s'agit ni plus ni moins d'une « sauce » fabriquée à partir de sels obtenus de façon industrielle et conditionnés en flacons.

Vous pouvez aussi choisir de nourrir vos plantes de la façon la plus naturelle qui soit, c'est-à-dire avec des engrais organiques. Ils sont issus non pas d'un assemblage de sels chimiques mais d'extraits de matières organiques. Leur composition est variable et ils se présentent sous des formes variées. Cela n'a pas d'importance pour la réalisation d'un petit mur.

L'utilisation d'engrais organiques évite l'apparition de carences car ils contiennent naturellement des oligo-éléments. En revanche, leur composition est variable, et ils peuvent être plus ou moins riches, sans que ce soit indiqué sur l'emballage.
Dans les deux cas (engrais chimique ou organique), il vous faudra veiller à bien doser leur quantité. Et ça, ce n'est pas le fabricant qui le fera à votre place ! Reportez-vous à la page 112 pour la marche à suivre.

Des racines colonisant le feutre horticole d'une composition verticale. Elles se dirigent vers le bas mais se développent en surface, faute de pouvoir s'enfoncer dans l'épaisseur du support. Ce dernier point est sans importance, car les végétaux vont bien.

## Le gaz carbonique

Il ne serait pas possible de conclure ce propos sur les nutriments sans parler du **gaz carbonique** ($CO_2$). Celui-ci est capté dans l'air par les feuilles, qui le transforment en composés plus élaborés, les matières carbonées. Sans $CO_2$, nulle plante ne peut pousser. Comme vous le savez sûrement, l'époque actuelle ne pousse pas à la raréfaction de celui-ci dans l'air que nous respirons ! À moins de vouloir une culture intensive et productive, qui n'entre pas dans les objectifs de ce livre, il n'est pas besoin d'en insuffler aux plantes. Mais sachez qu'il existe des systèmes qui le permettent, nommés « injecteurs de $CO_2$ ».

La chlorose ferrique se distingue par le contraste entre les nervures et le reste de la feuille. Attention à ne pas la diagnostiquer par erreur chez les plantes à feuillage naturellement doré !

# LA TEMPÉRATURE

Le petit figuier rampant (*Ficus pumila*) est très sensible aux variations de température en particulier au niveau de son système racinaire. Il est le premier à montrer les signes d'un stress thermique.

Le jardinier amateur pense souvent que la température est aussi importante que la lumière. Il a tort. Il suffit juste de bien penser ses plantations pour ne pas avoir à s'en soucier.

## En extérieur

Le choix devra se porter sur des végétaux particulièrement résistants. Les plantes installées sur les parois craignent plus le gel que celles qui sont en pleine terre, tout simplement parce que leurs racines sont **plus exposées au froid**. Or s'il existe des bourgeons pour protéger les jeunes organes de la plante, les racines en sont dépourvues ! Dans le cas de plante sur support artificiel, le risque de gel est très important dans les régions à hiver froid et en dehors des grandes villes. Les centres urbains connaissent des hivers plus doux que dans les banlieues. Cette douceur locale peut atteindre 3 à 5 °C de plus qu'à l'extérieur de la ville ! Ainsi en zone froide, le nombre de jours comportant des températures négatives sera plus important. Accélérer le débit du ruissellement réduira le risque de congélation du support. Mais seule une judicieuse sélection des végétaux écartera les pertes liées au gel.

## En intérieur

Le souci est différent. Là ce ne sont pas les températures négatives qui posent problème, mais au contraire la **chaleur des radiateurs** ! Nous chauffons nos intérieurs à des températures qui ne permettent aux plantes ni d'entrer en repos ni de pousser à leur optimum. C'est d'autant plus vrai que les plantes installées proviendront de régions tropicales. Ce type de végétaux ne montre pas de période de repos, ou alors associé à une période sèche, difficile à imaginer sur une paroi végétale sans mettre en danger les autres végétaux. Il faudra donc maintenir tout le monde en phase de croissance. Ainsi, en hiver, il ne sera pas question de baisser la température pour ralentir les plantes. À l'inverse, il faudra soutenir leur croissance et leur fournir en particulier la lumière en quantité suffisante. Sinon, l'étiolement des pousses est garanti !

# LA LUMIÈRE

On pourrait la qualifier de nutriment, puisqu'elle fait partie des éléments indispensables dont la plante a besoin pour croître. La lumière constitue l'élément le plus important dans la réussite d'une végétalisation verticale. La lumière n'est pas universelle. Rien de philosophique derrière cette pensée : la physique en a décidé autrement. Il n'y a donc pas d'autre choix que de se pencher un peu sur ce phénomène pour apporter aux plantes l'énergie dont elles ont besoin. C'est la raison pour laquelle nous nous y arrêterons plus longuement que pour les autres paramètres.

## Les plantes... n'ont pas les mêmes yeux que nous

Il leur faut de la lumière en bonne quantité, mais aussi de la bonne qualité. Ces deux paramètres sont tout sauf intuitifs.

En intérieur, un mur de végétation comprend plusieurs types de végétaux. Or la surface à prendre en compte pour les besoins lumineux des plantes n'est bien sûr pas l'encombrement au sol de l'installation, mais la surface couverte par la végétation. Du coup, la surface à illuminer devient vite importante. Le bon éclairage de la culture constitue sans doute le point le plus délicat de l'installation en intérieur. Un problème de nutrition peut se corriger très vite, voire se régler de lui-même car le système finit par se stabiliser. Mais quand l'éclairage est inadapté, l'installation court à sa perte.

## Il y a lumière et lumière

D'abord, rappelons que la lumière est un assortiment de rayons lumineux caractérisés chacun par une longueur d'onde (ou une fréquence, l'un étant l'inverse mathématique de l'autre). La lumière bleue n'a pas la même longueur d'onde que la lumière rouge. Un arc-en-ciel nous propose ainsi toutes les longueurs d'ondes que l'on peut voir avec notre œil, c'est-à-dire les rayons lumineux de 380 à 780 nanomètres environ (voir schéma ci-dessous).

La sensibilité de notre œil est maximale dans le vert-jaune, plus précisément à la longueur d'onde de 550 nm. Aux extrémités, la sensibilité décroît : on ne peut voir ni les ultraviolets (de longueur d'onde plus courte que le violet), ni les infrarouges (de longueur

**LE SPECTRE LUMINEUX DE LA « LUMIÈRE VISIBLE »**

## EFFICACITÉ DE LA PHOTOSYNTHÈSE EN FONCTION DE LA LONGUEUR D'ONDE DE LA LUMIÈRE REÇUE

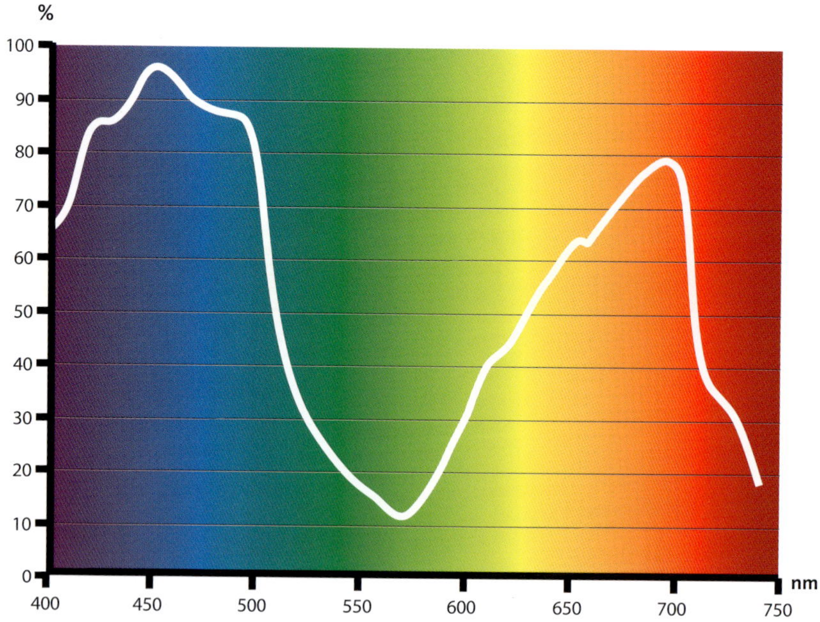


L'efficacité de l'éclairage varie selon la longueur d'onde. Ainsi dans les bleus (vers 460 nm) et dans les rouges (vers 680 nm), l'absorption de la lumière – et donc la photosynthèse – est maximale. Dans les verts, elle est minimale. On comprend de suite qu'une lumière verte ne sert pas aux plantes.

d'onde supérieure à celle des rouges). Les végétaux ne perçoivent pas du tout la lumière de cette façon.

Pour faire simple, disons que **les plantes absorbent la lumière grâce à des pigments,** dont la chlorophylle qui est très majoritaire. Ce pigment est de couleur verte et c'est bien à lui que les plantes doivent leur couleur. Cela veut dire que les plantes réfléchissent la lumière verte, puisque la couleur d'un objet est due à la réflexion de la longueur d'onde correspondante. On ne peut pas percevoir un objet bleu sous sa vraie couleur en l'éclairant avec une lumière d'un jaune pur. Ce qui veut dire que la lumière verte, à laquelle notre œil est sensible, ne sert pas du tout aux plantes. Un éclairage vert revient pour elles... à pas d'éclairage du tout !

On a pu définir, pour chaque longueur d'onde, leur efficacité sur la plante (entendez par là leur utilité énergétique). On a abouti à un graphique, que l'on **appelle spectre d'efficacité** (voir ci-dessus).

De ce graphique, on déduit que la lumière se situant dans la zone vert-jaune a peu d'efficacité sur les plantes. Ironie du sort, c'est justement la plage de couleurs (600-625 nm) à

Cette composition haute que P. Blanc a réalisé dans la cour de l'hôtel Pershing a nécessité de bien prendre en compte les différences de luminosité entre le haut du mur végétal (bien ensoleillé) et le bas (peu lumineux). Le haut de la composition comprend ainsi des végétaux de pleine lumière, tandis que la partie inférieure se compose surtout de plantes supportant une ombre plus ou moins marquée (plantes de sous-bois). C'est le cas des *Hedychium*, cousins des gingembres, bien visibles dans le coin inférieur gauche.

laquelle notre œil est le plus sensible. Dans le choix d'un bon éclairage pour les plantes, il ne faut donc pas faire appel à notre vue mais aux besoins physiologiques de ces dernières.

Cet aspect de la physique au quotidien a une grande importance lorsqu'on souhaite cultiver des plantes sur une surface verticale. D'abord, ce n'est pas parce qu'une ampoule éclaire (selon notre perception), qu'elle nourrit les plantes. Celles-ci absorbent une partie des rayons lumineux, alors que nous n'en voyons nous-mêmes qu'une partie. Bien évidemment, les rayonnements que les plantes absorbent et ceux que nous voyons avec nos yeux sont différents. Ainsi, on peut imaginer une lampe très lumineuse (de notre point de vue) mais qui sera très faible pour la plante. Un exemple ? Les ampoules à incandescence classique, à filaments. Elles produisent beaucoup de chaleur, donc des infrarouges et peu de rayonnement bleu, pourtant important pour les plantes.

Les luminaires d'extérieur de type industriel (ici, un modèle du fabricant Lanzini pour ampoule à décharge) conviennent très bien à l'éclairage des murs végétaux d'intérieur.

## La bonne orientation

Dans un jardin classique (imaginons un potager), les plantes poussent à plat ou presque sur le sol et le rayonnement venant du ciel est un peu oblique. Il est complètement vertical à midi (heure solaire), sous les Tropiques. Sous nos latitudes, le soleil n'est jamais à la verticale. Au solstice d'hiver, il est à un peu moins de 18° sur l'horizon et va jusqu'à 70° au solstice d'été ; mais jamais à 90° sous nos latitudes. Avec nos sources lumineuses au plafond, c'est un peu pareil.

## De la quantité, mais pas sans la qualité

Rassurez-vous, nous n'allons pas vous servir de savants calculs dans ce passage. Mais vous devez disposer des bons ordres de grandeur afin de savoir, face à un matériel d'éclairage, s'il vous convient ou pas. Vous trouverez en effet de gros éclairages, ressemblant à de fortes boîtes métalliques, consommant beaucoup d'électricité mais finalement peu utiles pour les plantes. Autant ne pas se tromper !

La puissance d'une ampoule est la plupart du temps exprimée en Watts : c'est la puissance qu'elle absorbe et, à part pour limiter ses consommations électriques, cette indication n'a pas d'utilité. En effet, ce qui est intéressant, c'est son rayonnement, qui peut s'exprimer de deux façons :

• en énergie lumineuse que l'ampoule restitue en diverses longueurs d'ondes : c'est le **flux énergétique**, exprimé lui aussi en **Watts** (et forcément inférieur à la puissance absorbée puisque le rendement est toujours inférieur à 100 %) ;

• en quantité de lumière que notre œil – pas les plantes – peut voir : c'est le **flux lumineux**, exprimé en **lumen (lm)**. Il existe une relation mathématique entre les deux types de flux, mais elle ne nous est pas d'un grand intérêt. 1 Watt électrique absorbé par une

### COMPARATIF DE DEUX SOURCES LUMINEUSES

AMPOULE À DÉCHARGE

TUBE FLUORESCENT

La surface du grand carré représente l'électricité consommée. Une partie est perdue sous forme de chaleur (aire rouge sombre), le reste étant transformé en lumière. Celle-ci est en partie non absorbable par les plantes (aire orange). Le reste leur est utile. Mais si à faible distance (en jaune) elles peuvent en récupérer la quasi-totalité, il en reste moins à 1 m de distance (aire en vert). Les tubes fluorescents, s'ils chauffent moins, sont bien moins efficaces à cette distance que les ampoules à décharge.

ampoule correspond au plus à 130 lumens. C'est une limite théorique, donc une ampoule aura un flux lumineux inférieur à cette valeur.

À titre de repère, 1 m², en plein soleil en été (sans nuages ni brumes) lorsque l'astre est à son zénith, reçoit l'équivalent de 1 000 W, soit 100 000 lumens. Un éclairement de 100 W par m² est un minimum pour des plantes exigeant un ensoleillement moyen (plantes de mi-ombre). Il devra être de 250 W par m² pour des plantes de plein soleil. Encore faut-il que ces watts se transforment en autant de lumière absorbable par les plantes.

C'est là qu'entre en jeu un autre paramètre majeur. **La quantité de rayonnement que les plantes peuvent utiliser** est appelée rayonnement actif sur la photosynthèse ou **PAR** (*Photosynthetically Active Radiation*). Une ampoule ayant un PAR de 30 % par exemple indique que seul 30 % de son rayonnement servira aux plantes, ce qui est faible. Tout revient à gâcher 70 % de sa production de lumière pour rien. Certaines ampoules possèdent un PAR approchant les 100 % : il faudra s'en servir si l'apport de lumière est nécessaire. Hélas, cet attribut ne figure pas sur les ampoules et il vous faudra questionner en détail le vendeur afin d'obtenir cette information.

Concernant les murs végétaux, vous avez le choix entre deux solutions : les ampoules à décharges (lampes « HPS » ou « MH ») et les tubes fluorescents. Aucun des deux n'est complètement satisfaisant.

**Les ampoules à décharge** ont l'inconvénient de beaucoup chauffer et de représenter une gêne en intérieur, mais la lumière qu'elles produisent pénètre bien dans la végétation. On peut les installer en plafonnier, puisque la composition en sera assez largement illuminée. **Les tubes fluorescents** ont pour eux l'avantage de ne pas chauffer et consommer peu. Ils ne sont efficaces qu'à proximité du feuillage, ce qui rend difficile leur emploi en plafonnier : à 1 m de distance, tout se passe comme si les plantes ne recevaient plus qu'une faible lueur, incapable de subvenir à leurs besoins. Il faudra donc installer ces tubes

**COMPARATIF DES DEUX PRINCIPAUX TYPES D'AMPOULES POUR PLANTES**

| Type | Ampoules à décharge | Tubes fluorescents |
|---|---|---|
| Avantages | • PAR pouvant atteindre 100 %<br>• Faible dispersion (efficace à grande distance) | • PAR pouvant atteindre 100 %<br>• Ne chauffe pas (bon rendement)<br>• Pas de risque de brûler les plantes<br>• Consommation faible |
| Inconvénients | • Dégage de la chaleur (mauvais rendement)<br>• Brûle les plantes à faible distance<br>• Génère des longueurs d'ondes pouvant être dangereuses pour les yeux (surtout les grosses puissances)<br>• Forte consommation électrique | • Grande dispersion (peu efficace à grande distance)<br>• Parfois encombrant |

en applique à la verticale devant le mur, ce qui peut en gâcher un peu la vue. Si la consommation électrique est un critère de choix pour vous, choisissez cette deuxième solution (voir aussi page 46).

## Une distance correcte

Toute lumière produite par une ampoule se disperse aux alentours. Ainsi, pour un type d'éclairage donné, plus la source lumineuse sera proche des plantes et plus la quantité de lumière absorbée par celles-ci se rapprochera de 100 %. Ce pour cela que les plantes d'intérieur ont l'habitude de « filer », c'est-à-dire de s'étioler vers les lampes ou les fenêtres lorsqu'elles manquent de lumière. Comme on l'a vu précédemment, les tubes fluorescents se dispersent plus que les ampoules à décharge. Mais pour bien maîtriser cette notion d'éloignement de la source lumineuse, il faut se pencher un peu sur les mécanismes en jeu.

En réalité, la diffusion de la lumière n'est pas linéaire : lorsqu'on éloigne une source lumineuse d'une culture, l'éclairement diminue plus rapidement encore. En pratique, on considère que l'éclairement naturel diminue déjà de moitié lorsqu'on s'éloigne de 30 cm. À 60 cm de la source lumineuse, le flux n'est plus que d'un quart, et à 1 m, il n'est plus que de 10 % !

## La température de lumière

Pour corser encore le tout, chacun de ces deux types d'ampoules se décline en plusieurs sortes selon leur température. Pour simplifier, la température correspond à la **dominante de la lumière émise** (rouge ou bleue), ce qui oblige la plante à se comporter différemment. Les températures chaudes ont une dominante bleue et les températures froides ont une dominante orangée (cet ordre est contre-intuitif dans la mesure où on associe le rouge au chaud et le bleu au froid... mais la physique en a décidé autrement). Une ampoule se caractérise par sa température de couleur, toujours indiquée sur le culot mais rarement de façon claire. Or une température chaude (lumière blanc bleuté) est favorable à la croissance des plantes. Au contraire, une température froide (lumière jaune pâle) est favorable à leur floraison. Pour les murs végétaux, une température de lumière chaude doit suffire, mais les orchidophiles devront être attentifs dans le choix de leurs ampoules.

**DÉCROISSANCE DE L'INTENSITÉ LUMINEUSE EN FONCTION DE L'ÉLOIGNEMENT**

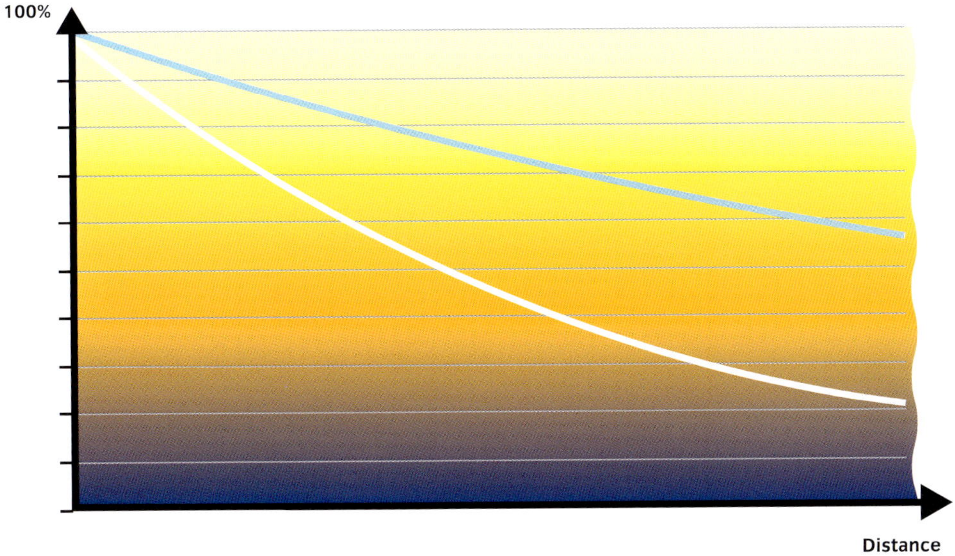


Imaginons une source lumineuse dispensant 50 000 lux (flux lumineux exprimé en lumen émise par une source - lux = 1 lm /1 m$^2$), provenant soit d'un système à ampoules à décharge (courbe supérieure), soit d'un système à tubes fluorescents (courbe du bas). Dans les deux cas, au fur et à mesure qu'on l'éloigne du mur, le flux reçu par la végétation diminue. Mais cette diminution sera nettement plus marquée pour les tubes fluorescents que pour les ampoules à décharge. Cette figuration est bien sûr théorique.

Dans tous les cas, les ampoules devront être remplacées tous les ans, même si on leur prête une longue durée de vie. Elles perdent 20 à 25 % de leur rendement en un an... et les plantes le ressentent bien car elles poussent moins.

## Astuces pour optimiser la lumière

Tout éclairage devra être équipé de réflecteurs, ces pièces métalliques réfléchissant la lumière. Les réflecteurs aident à focaliser le flux de lumière sur la surface souhaitée, et évite qu'il ne se disperse dans la pièce. Ils coûtent peu cher ; les modèles en aluminium martelé ou la toile réfléchissante (de type Mylar®) donnant pleinement satisfaction. En général, les kits d'éclairage proposés par les fournisseurs spécialisés (en hydroponie) sont tout à fait corrects. L'autre possibilité permettant d'optimiser l'éclairage consiste à tout simplement choisir

**À SAVOIR**

**DES APPOINTS PAS AU POINT**

Autant oublier les ampoules à filaments destinés à apporter un éclairage d'appoint aux plantes d'intérieur. Ce sont des ampoules classiques revêtues d'un vernis bleu-vert. Mais ce vernis ne transforme pas les rayons, il ne fait que les filtrer ; c'est-à-dire qu'il laisse passer les quelques fractions de rayons bleu-vert. Pour les plantes, elles sont aussi peu efficaces qu'une ampoule classique... mais elles sont vendues à prix d'or !

À SAVOIR

**FAUT-IL APPORTER DE LA LUMIÈRE DANS UNE PIÈCE CLAIRE ?**

Autant ne pas laisser attendre la réponse : oui, ce sera nécessaire. Parce que la notion de « pièce claire » renvoie à une définition vague (est-ce qu'on y voit clair ou bien bénéficie-t-elle de soleil tous les jours ?). Mais surtout parce que le flux de lumière qui passe par une fenêtre varie selon son exposition et bien sûr en fonction des périodes de l'année. Prenons deux cas diamétralement opposés portant tous les deux sur une pièce équipée de fenêtres en nombre suffisant (1/10e au moins des murs de la pièce sont percés de fenêtres éclairées par le jour) :

• si l'exposition dominante pointe vers le nord, le flux lumineux est faible, sans soleil direct. Même avec de grandes baies, la pièce sera trop sombre pour maintenir des plantes en bonne santé, qu'elles poussent à la verticale sur le mur ou en pot ;

• si l'exposition pointe au contraire vers le sud, le flux sera trop important en été (risque de brûlure des feuilles) mais sera quand même insuffisant l'hiver. Insuffisant car, si durant la saison froide la qualité de l'insolation sera satisfaisante, elle sera trop courte. Les plantes d'intérieur ne connaissent en effet pas de repos végétatif et il importe de leur fournir de quoi s'alimenter durant toute l'année.

**Moralité** : il faudra donc songer, dans tous les cas de figure, à un éclairage d'appoint. Continu au nord, saisonnier au sud et bien sûr intermédiaire entre les deux...

son éclairage en premier, et les plantes ensuite, en fonction des possibilités offertes par le premier ! En intérieur, sans éclairage artificiel, il ne faudra pas espérer faire pousser grand-chose. Mais les plantes les plus aguerries à l'ombre pourront se satisfaire d'un appoint limité. Si le choix des plantes à installer sur le mur ne constitue pas votre priorité et que vous ne voulez pas trop investir dans le système d'éclairage, il s'agit sans doute là du meilleur compromis possible.

ATTENTION

**AMPOULES À ÉCONOMIES D'ÉNERGIE**

Si vous souhaitez utiliser ce type d'ampoules, il ne faut tenir compte que de la puissance consommée et pas de l'équivalent indiqué sur l'emballage. Il n'y a donc pas d'économies à attendre pour cet usage.

Dans cette composition surprenant le visiteur au détour d'un sous-sol d'un centre commercial, P. Blanc a favorisé les végétaux de sous-bois, peu exigeants en lumière : *Chamaedorea* (petits palmiers), Marantacées variées (couvre-support), Araliacées (arbustives) et lianes variées (philodendrons et autres Aracées de faible lumière). Reportez-vous à notre sélection de végétaux pour plus de détails.

## En résumé

Il vaudra mieux s'équiper de tubes fluorescents de température chaude (couleur bleu pâle), à raison de 100 W au moins par m$^2$. Ils devront être disposés près des plantes et de façon parallèle au mur, et non en plafonnier car leur efficacité se limite à moins d'un mètre. Sinon, vous pourrez choisir des ampoules à décharges également bleu pâle, à installer en plafonnier, en respectant une bonne distance pour ne pas brûler les plantes. Cette solution n'est pas idéale car elle consomme beaucoup d'électricité et émet une lumière qui peut abîmer les yeux.

# VÉGÉTALISER UN MUR **EN INTÉRIEUR**

Dans ce chapitre, vous découvrirez les techniques à mettre en œuvre pour créer, chez vous, une paroi végétale.

Par rapport à un mur situé à l'extérieur, un mur intérieur comporte des points forts et des points faibles. Examinons-les un instant, afin de mieux comprendre sur quoi porter l'attention. En intérieur, on maîtrise tous les paramètres de la culture ; du moins, on est en capacité de le faire. L'eau, il faudra l'apporter sous forme d'irrigation régulière, avec les sels minéraux nécessaires à la croissance des végétaux. La lumière, il faudra aussi la fournir, car même dans une pièce lumineuse on ne peut pas imaginer se passer d'un éclairage d'appoint ; reportez-vous au chapitre précédent pour de plus amples précisions. En revanche, il ne sera pas utile de prévoir un système particulier de chauffage. Il faut adapter le choix des végétaux à la gamme de température de la pièce, plutôt que l'inverse. La seule exception à cette règle peut concerner les orchidées : les espèces tropicales doivent bénéficier d'une température chaude en hiver (18 °C au moins), car elles seront placées sur un support très humide.

L'impression de cascade émanant de ce mur végétal tient au port retombant que P. Blanc a sélectionné pour le composer : *Nephrolepis* (fougères), Commelinacées (« misères »)...

# QUELLE TECHNIQUE ?

Végétaliser un mur peut s'effectuer en faisant appel à l'une des techniques actuellement disponibles :

- l'hydroponie sur nappe horticole ;
- l'hydroponie sur support organique (sphaigne, mousse, etc.) dites « paroi sandwich » ;
- l'hydroponie sur roche (analogue à la précédente mais sur support non organique) ;
- la culture sur support traditionnel (terre végétale ou terreau).

Chacune de ces techniques peut être mise en œuvre par vos soins de trois façons :

- en créant vous-même le support, si vous êtes bricoleur ;
- en faisant appel aux solutions préfabriquées (que nous avons appelées « solutions modulaires »), quoique celles-ci soient encore assez limitées ;
- en faisant appel à des prestataires spécialisés.

Ces options ont bien sûr chacune leurs avantages et leurs inconvénients. Néanmoins, même si vous faites appel à un fournisseur extérieur, il est important de bien comprendre comment fonctionne la végétalisation verticale. Car l'expérience montre que même lorsque vous confiez la réalisation de la paroi végétale à un intervenant extérieur, un échec peut intervenir à la suite d'un défaut d'intervention de la part de son propriétaire ; et de telles structures doivent s'entretenir sans faute. Pour preuve, certaines créations de Patrick Blanc ont malheureusement subi les outrages du temps, parfois par manque d'un entretien adapté de la part de leurs propriétaires.

**Dans ce chapitre**, ce sera surtout la première de ces techniques, **l'hydroponie sur nappe horticole**, que nous détaillerons. En effet, les autres techniques peuvent être

Une ambiance de sous-bois recrée à l'aide de végétaux bien typés : des *Spatiphyllum* (à gauche), des *Chamaedorea* (au centre) et des *Anthurium* (à droite) (création P. Blanc).

vues comme une déclinaison de celle-ci ou, tout du moins, fonctionnent de façon similaire, seul le support diffère. Si la création d'une surface végétalisée sur une plaque ne vous intéresse pas, nous vous invitons néanmoins à parcourir les passages qui y sont consacrés afin de bien saisir le principe de fonctionnement de l'hydroponie. Il est après aisément transposable à d'autres configurations.

# LES SYSTÈMES PRÉFABRIQUÉS DE VÉGÉTALISATION

Les réalisations de Patrick Blanc ont généré une forte demande de végétalisation, ce qui a conduit des fabricants à proposer des solutions modulaires. Elles s'adressent plutôt aux collectivités (centres commerciaux ou équipements publics), mais les particuliers qui s'y intéressent et qui nourrissent un projet de belle dimension peuvent bien sûr y faire appel. Parmi les techniques disponibles, on distinguera les bricolages des solutions industrialisées. Les premiers, s'ils font parfois preuve d'ingéniosité, ne sont pas assez au point pour y faire appel sans devoir prévoir une maintenance importante. Certains d'entre eux méconnaissent la physiologie des plantes. Les solutions industrialisées, en revanche, sont assez bien rôdées et ont donné lieu à des réalisations pérennes de grande taille. Quatre systèmes répondent à cette définition. Notez toutefois que toutes connaissent des évolutions techniques, destinées à les améliorer.

## Les murs Wallflore®

Distribués par les Jardins de Gally, ils reposent sur des panneaux fibreux irrigués par l'intérieur. C'est la structure portante, à l'aide de tubes métalliques spéciaux, qui donne sa rigidité à la paroi et nourrit en même temps la composition végétale. Les compositions sont précultivées avant leur pose. Leur avantage tient à l'aspect esthétique du support et à la durabilité de celui-ci, mais l'inconvénient vient de la nécessité de les précultiver. Une fois en place, la végétation colonise la fibre et le support devient complètement invisible. Des modules prévégétalisés de dimensions convenant aux particuliers sont à l'étude.

## Les murs Greenwall®

Distribués par Greenwall S.A.S., ils sont constitués de modules de sphaigne en cages rigides à empiler, dans lesquels la végétation est précultivée avant la pose. Ce

Wallflore®

Greenwall®

Casa Verde®

Héliotrope®

support de culture peut poser problème. D'abord, il existe un vrai souci écologique à l'utilisation de cette sphaigne, puisqu'elle provient de tourbières chiliennes. Affirmer que son exploitation est écologique car « en culture elle économise de l'eau » aux dires de certains importateurs, tient de la contre-vérité. De plus, elle a tendance à se tasser avec le temps et à conserver trop d'eau. Seuls les végétaux susceptibles de supporter une imprégnation complète et permanente du substrat pourront s'y maintenir. Ce système reste donc perfectible. Il a en revanche l'avantage de présenter un support vivant et verdoyant dès le départ, la sphaigne verdissant rapidement.

## Les murs Casa verde®

Reposant sur un système de feutre de racines (procédé « Chamouleau », du nom de son inventeur) emprisonné dans une armature métallique, ils ont une bonne capacité à retenir l'eau. Les végétaux doivent être précultivés pour un rendu esthétique satisfaisant, mais l'option n'est pas obligatoire.

## Les murs Héliotrope®

Ils emploient un principe apparenté à la technique développée par Patrick Blanc : un matelas de culture comprenant un substrat retenant l'eau, étendu en poches aplaties sur un support étanche. Son avantage tient à son côté « propre » (le support est blanc avant d'être couvert) mais le matériau contenant le substrat est peu enclin à la colonisation rapide par les végétaux. Distribués par la société Héliotrope, ils sont fournis prévégétalisés.

Pour en savoir plus :
www.gally.com ; www.murs-vegetaux-18.com
www.greenwall.fr ; www.heliotrope-europe.com

# L'HYDROPONIE SUR NAPPE HORTICOLE (« AQUANAPPE »)

## Le principe

Le fonctionnement d'une paroi végétalisée ne tient pas du mystère : une nappe hydrophile est arrosée d'une solution nutritive, laquelle draine naturellement vers le bas et coule ainsi dans un bac de récupération. Dans le sens ascendant, l'eau est véhiculée par une pompe via des tuyaux et sort par des goutteurs (des extrémités permettant de réguler le débit). Dans le sens descendant, c'est la gravité (aidée par la porosité du support) qui permet au liquide de regagner la réserve de solution nutritive. La solution dévale le mur à l'intérieur du support et non à sa surface, ce qui humidifie les racines. Le système travaille en circuit fermé puisque c'est dans cette solution de récupération que va puiser la pompe. Les tuyaux et leurs goutteurs sont dissimulés sous la nappe hydrophile. Les plantes sont cultivées à même la nappe hydrophile, qui est suffisamment humide pour que leurs racines se développent mais suffisamment poreuse pour qu'elles ne s'étouffent pas.

Si le principe est simple, nous verrons que les ruses à déployer ne manquent pas, en particulier pour garantir l'étanchéité de la structure dans la pièce. De plus, on peut concevoir un système en circuit ouvert, c'est-à-dire une végétalisation arrosée par une solution qui n'est pas recyclée. Cette méthode a ses inconvénients et ses avantages, mais comme elle est destinée aux réalisations de très grande taille, son emploi est un peu délicat (voir page 48 pour le détail).

## Un mur végétal en 14 étapes

### Avant de commencer

Il faut tout d'abord bien réfléchir à l'espace que vous souhaitez consacrer à la réalisation et au budget dont vous disposez. Le « ticket d'entrée » se situe aux environs de 400 à 500 € (voir page 41) le premier mètre carré, mais plus le mur sera grand et moins sa réalisation sera coûteuse par unité de surface. Certains équipements sont nécessaires, quelle que soit la taille du mur (comme les instruments pour mesurer le pH et la conductivité, ou encore la pompe). Les besoins en éclairage n'augmentent pas aussi vite que sa surface : le coût de cet équipement s'amortit mieux sur un grand mur que sur un petit. Enfin, passer d'un mur de 2 m$^2$ à 4 m$^2$ implique surtout d'augmenter la taille du support, ce qui consomme des composants abordables. Notez toutefois que le doublement d'une surface implique, de façon mathématique, de disposer de deux fois plus de plantes à installer dans la composition. Un détail qui peut revenir cher, selon le type de plante souhaité (en particulier les orchidées, dont le prix unitaire est élevé). Il faut au moins 10 pieds par m$^2$, voire plus si l'on souhaite un bénéfice esthétique rapide. Faites les comptes...

**Sur le plan technique**, une grande réalisation nécessite des travaux un peu plus conséquents, mais aura l'avantage d'être plus stable. Par stabilité, il faut entendre ici non pas le fait que la composition tienne au mur mais la capacité de l'ensemble à faire face pendant un certain temps aux variations de

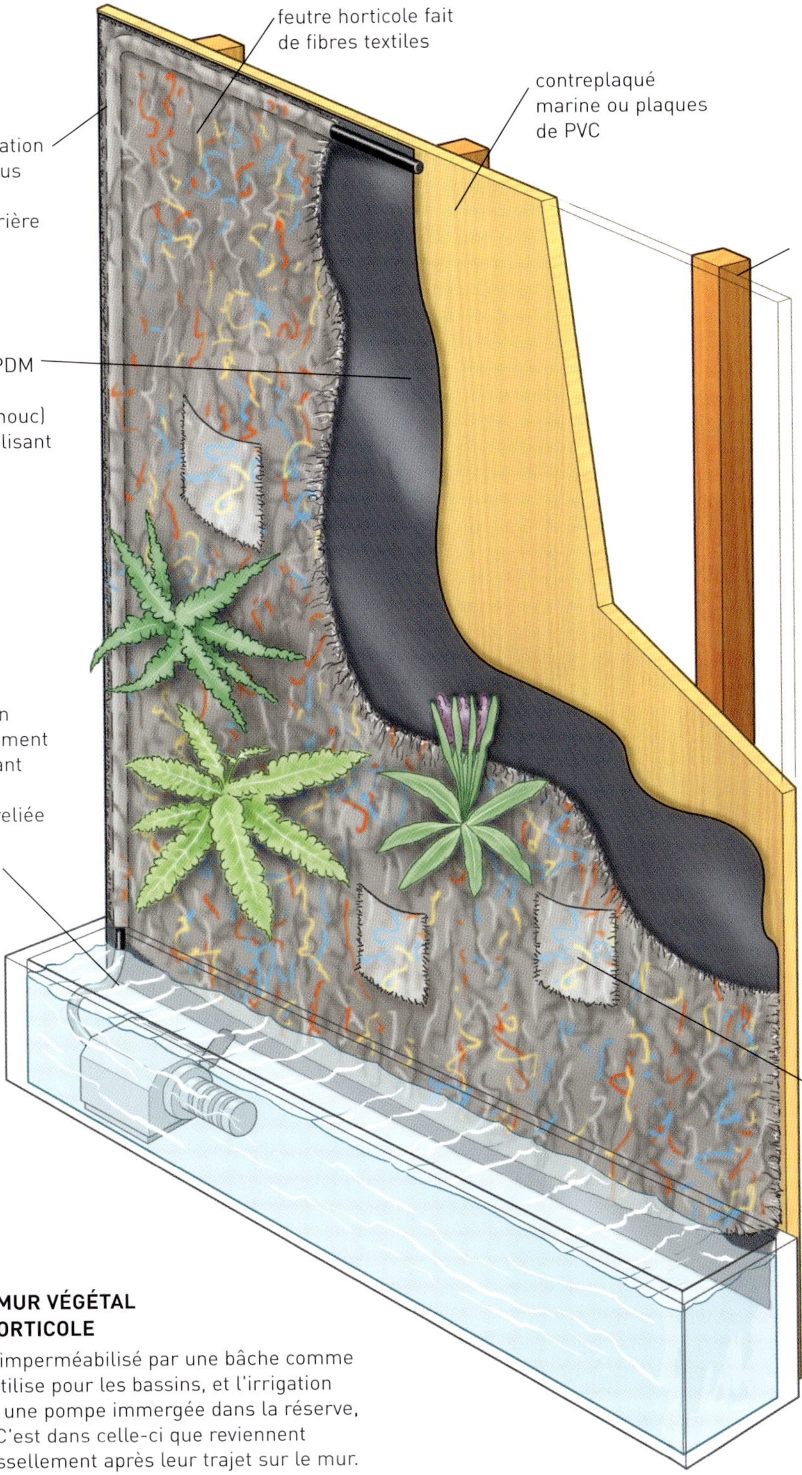


**PRINCIPE DU MUR VÉGÉTAL SUR NAPPE HORTICOLE**

Le support est imperméabilisé par une bâche comme celle que l'on utilise pour les bassins, et l'irrigation est assurée via une pompe immergée dans la réserve, située en bas. C'est dans celle-ci que reviennent les eaux de ruissellement après leur trajet sur le mur.

l'environnement (température, lumière, affaiblissement de la solution nutritive, etc.). Comme on le verra dans le chapitre consacré à l'entretien, ce facteur a une importance considérable. Une petite surface végétalisée sera reliée à une petite réserve en eau et celle-ci sera plus volontiers sujette à une carence nutritive. Un tel système exigera donc une surveillance plus régulière, plus attentive. Au début la tâche est drôle, mais l'intérêt finit par s'émousser rapidement. *A contrario*, un grand mur implique une grande réserve, qui aura plus d'inertie, demandant moins de contrôle ; et, accessoirement, permettant plus facilement de partir en vacances sans confier l'entretien à quelqu'un !

**Au niveau visuel**, pensez aussi à l'effet que pourra produire la réalisation dans la pièce. D'expérience, on constate que les murs enchâssés entre des éléments (bibliothèque, meubles, décrochements) produisent moins d'effet qu'en isolé sur une paroi. Coincée entre des meubles, la surface végétale perd de son effet, elle fait plus penser à un verdissement bien pensé qu'à un tableau végétal : elle se fait voler la vedette. C'est peut-être votre but mais compte tenu du prix que cela vous occasionnera, avouez que cela vaut la peine de lui réserver un peu d'espace !

Bref, vous l'aurez compris, nous vous conseillons d'avoir les idées larges, mais raisonnables, bien sûr. Rien ne vous empêche de confectionner une paroi végétale de petite taille mais reliée à un « gros système », afin d'y connecter plus tard une

À SAVOIR

**PETITE ÉTUDE ÉVITE GRAND PROCÈS**

Que vous soyez propriétaire ou locataire de votre logement, rien ou presque ne vous empêche d'installer un mur végétal. Il peut éventuellement exister des **restrictions** quant à la présence d'une réserve aquatique, car elle fait porter une charge sur la structure de l'immeuble. C'est un problème que les aquariophiles connaissent bien dans les appartements anciens, où ils peuvent connaître des tracas. Une paroi végétale occasionne elle aussi une réserve d'eau, au minimum de 100 l par mètre carré, soit autant qu'un lave-linge plein. Renseignez-vous auprès du syndic ou du propriétaire quant à un éventuel problème de portance. Inutile d'attirer la suspicion en parlant de votre projet, évoquez plutôt une bibliothèque offerte par vos grands-parents !

Outre ce problème de poids, il peut aussi se poser le souci de **l'étanchéité du mur.** Le risque zéro n'existant pas, vous n'êtes pas à l'abri d'un dégât des eaux occasionné par un problème sur votre mur. Si une telle mésaventure vous arrivait, vous seriez responsable des dégâts commis et de leur réparation. Mais on ne peut vous interdire – même si vous êtes locataire – de vous lancer dans une telle réalisation sous prétexte d'un risque que cela ferait courir. Autant interdire, dans ce cas, les grille-pain pour parer aux risques d'incendie : ce raisonnement ne tient pas. Vous devez certes présenter des garanties si on vous le demande – et ce livre en est une si vous suivez nos conseils ! Considérez comme inexistante toute interdiction qu'on vous formulerait et qui ne serait pas expressément mentionnée dans le règlement de location et/ou de copropriété.

Enfin, concernant le **risque de « maladies »** que ce type de mur pourrait apporter – ne riez pas, on entend toutes sortes d'imbécillités dans les cages d'escaliers ! –, nous vous conseillons de ne même pas en débattre et de continuer votre affaire sans tracas.

Reste le problème de l'**humidité**. La composition végétale apporte, sous forme de vapeur d'eau, une humidité bienvenue dans nos appartements souvent trop secs. Mais elle peut donner lieu à un peu de condensation si la pièce est mal ventilée. Inutile d'installer un déshumidificateur (les plantations en souffriraient beaucoup) mais prévoyez éventuellement un système de ventilation de la pièce, ouvert sur l'extérieur.

paroi supplémentaire qui agrandirait la surface végétalisée. Vous aurez le loisir de vous faire la main sur le petit et cela vous laissera un peu de temps pour étaler la dépense consécutive à l'extension.

Ultime conseil en guise de préambule : les étapes de réalisation, en particulier l'étanchéité de la surface, doivent être minutieusement réalisées. Ce qui implique d'y consacrer le temps nécessaire. Prévoyez un temps suffisant pour mener à bien la réalisation, au minimum deux journées entières !

### ÉTAPE 1 : DÉFINISSEZ LA STRUCTURE

La première des étapes consiste à dresser le plan de la composition que vous souhaitez réaliser. D'un point de vue pratique, toutes les formes sont possibles, mais les rectangles sont les plus simples à mettre en œuvre. Comme la solution nutritive s'écoule par gravité, il est plus simple de s'en tenir à une composition dont les bords sont droits, pour éviter d'avoir à gérer des écoulements horizontaux.

Soit vous disposez d'une belle surface et il faudra alors déterminer l'équipement nécessaire pour la végétaliser. Soit la surface est restreinte et, dans ce cas, mieux vaut effectuer le chemin inverse : déterminer les possibilités d'équipement afin de végétaliser la plus grande surface possible. Les facteurs à prendre en compte sont en effet nombreux :

- éclairage naturel de la surface ;
- emplacement/encombrement de la réserve de solution nutritive ;
- impact d'un éventuel dégât des eaux ou de fuites mineures ;
- proximité des circuits électriques nécessaires à l'éclairage ;
- sensibilité aux bruits (ronronnement des pompes par intermittence et glougloutis de la solution s'écoulant à travers le support).

Plus le mur sera grand, et plus il faudra de plantes. Ce poste de dépense s'avère être l'un des plus coûteux dans la réalisation d'un mur végétal.

Cette recherche de compromis doit vous conduire à une première idée de la structure que vous souhaitez mettre en place, en particulier ses dimensions et l'emplacement de la réserve. Il vous faut alors dresser l'inventaire des fournitures nécessaires. Du rêve, il va falloir passer aux notions budgétaires !

À SAVOIR

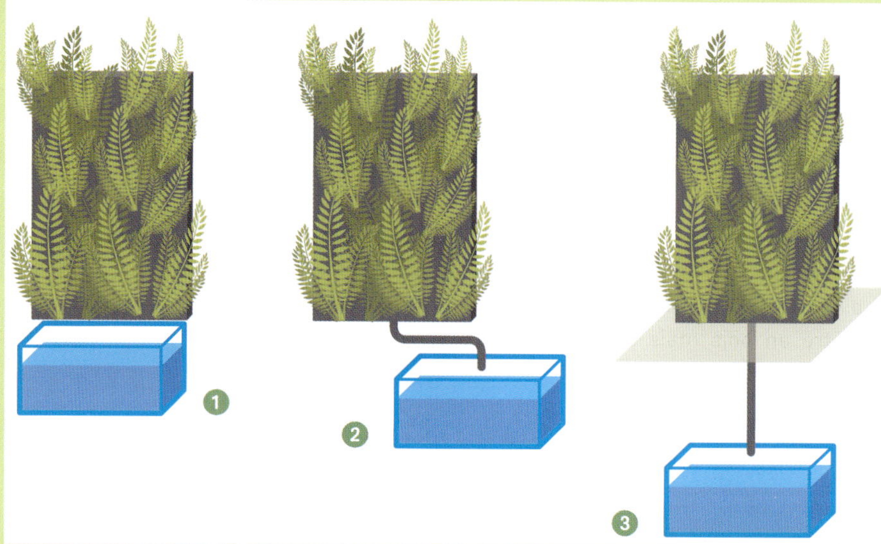


**OÙ PLACER LA RÉSERVE DE SOLUTION NUTRITIVE ?**

Supposons le cas d'une composition végétale haute de 1 m, nécessitant une cuve de 100 l (par exemple un modèle en plastique moulé de 40 cm de haut). La réserve de solution nutritive peut être placée à plusieurs niveaux, à condition de respecter le principe des vases communicants : son niveau ne doit jamais se situer au-dessus de la base du support. Moyennant quoi, ce contenant peut être placé :

1. soit directement sous le support végétalisé (dans ce cas, la hauteur au sol de l'ensemble sera celle du support additionnée de la cuve, soit 1,40 m) ;
2. soit à distance du support, à ceci près que la cuve peut être déportée dans une pièce située juste derrière. Ici, la base du support végétalisé se trouvera toujours à 40 cm du sol, de façon à ce que le niveau d'eau dans la cuve située derrière la cloison reste correct (photo ci-contre) ;
3. soit à un niveau inférieur (cave, sous-sol, etc.). Dans ce cas, le support végétalisé peut être placé à n'importe quel niveau, et peut même aller jusqu'au niveau du sol (ou presque). Il suffira de placer une rigole de collecte des eaux de drainage qui ira elle-même se jeter dans la citerne de réserve, en contrebas. Ce qui nécessite le perçage d'un plancher.

## ÉTAPE 2 : DRESSEZ LA « LISTE DE COURSES »

Cette section vous présente tous les éléments dont il faudra vous équiper pour réaliser une végétalisation sur paroi, que ce soit en intérieur ou en extérieur.

**Éléments porteurs** : le support végétalisé étant constitué de panneaux recouverts, ceux-ci ne sont pas fixés directement sur le mur mais sur des tasseaux, afin de limiter le risque d'infiltration. Ces éléments porteurs peuvent être en bois mais aussi en métal (rails pour cloisons). Prévoyez 3 tasseaux fixés à la verticale s'il y a une seule largeur de panneau, mais 4 tasseaux s'il y a plusieurs largeurs de panneaux. Si vous employez des cornières métalliques, il vous reviendra d'en déterminer la configuration.

**Panneaux de support** : la surface qui sera réellement végétalisée repose sur des panneaux de soutien (fixés sur les tasseaux). Ces panneaux pourront être en contreplaqué, le contreplaqué « marine » étant le plus résistant à l'eau. Les panneaux en fibres collées (OSB, médium, « agglo ») ne sont pas adaptés car ils ne sont pas capables de résister à la traction exercée par le poids des plantes et de la nappe. D'autre part, en cas de fuite même minime, l'humidité

2 panneaux,
3 tasseaux

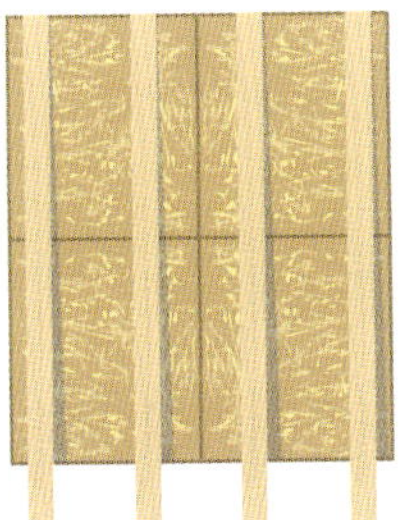

4 panneaux,
4 tasseaux

Nombre d'éléments porteurs à déterminer selon le nombre de panneaux.

```
        Paroi végétale
     Coût des fournitures

   Ticket valable pour 1m2

===============================

Tasseau de bois
1,20 m x 4,00€/m² ........ 4,00
Panneau contreplaqué CP18
1 m² x 21,00€/m2² ....... 21,00
Bache EPDM 1mm
1m² x 6,00€/m² ........... 6,00
Colle forte
200 ml x 8,00€/unité ..... 8,00
Feutre horticole standard
1m² x 3,00€/m2 x 2 ....... 6,00
Agrafes inox
100 x 19,00€/1000 ........ 1,90
--------------------------------
sous-total menuiserie.. 46,90€


Pompe 200 W
1 x 40,00€.............. 40,00
Filtre 100µum
1 x 9,00€................ 9,00
Raccords pompe
2 x 3,00€................ 6,00
Cuve 100l
1 x 75,00€.............. 75,00
Tuyau PE16
1m x 5,00€............... 5,00
Coude PE16
1 x 3,00€................ 3,00
--------------------------------
sous-total hydroponie  138,00€

Lampe fluo
1 x 110,00€........... 110,00
--------------------------------
sous-total eclairage . 110,00€

plantes deco
10 x 4,00€.............. 40,00
engrais solubles 1l
1 x 7,50€................ 7,50
--------------------------------
sous-total garniture .. 47,50€

--------------------------------
--------------------------------
Montant total ........ 345,90 €
A REGLER ............. 345,90 €
--------------------------------
--------------------------------
pour information
Soit en francs ...... 2268,96 F

==============================

          PRIX NETS
    MERCI DE VOTRE VISITE
         A BIENTOT
```

dissociant les fibres de bois, les panneaux se rompraient. Il est possible de confectionner des panneaux à partir de planches de bois massif (mais pas les fausses planches en bois collé, qui ont les mêmes défauts que les panneaux de fibres). Plus luxueux, vous pouvez utiliser des panneaux en PVC. Étanche, léger et très résistant sur le plan mécanique, le PVC a l'inconvénient de coûter beaucoup plus cher que le contreplaqué. Il se trouve notamment auprès des fabricants d'enseignes publicitaires. Dans tous les cas, préférez des panneaux découpés en plusieurs éléments plutôt qu'un seul, car il sera moins facile à manipuler et à positionner. Faites-les couper aux bonnes dimensions.

**Nappe étanche** : les panneaux doivent être recouverts d'un film destiné à canaliser l'eau et créer l'étanchéité. Le matériau le plus pratique pour cette utilisation est la bâche en EPDM (un polypropylène ressemblant à du caoutchouc), qu'on utilise pour créer des bassins. Prenez la plus épaisse que vous trouverez : la plantation faisant appel à l'agrafage, celle-ci doit pouvoir être percée sans dommage. Les films plastiques classiques (en polyéthylène) ne sont pas adaptés, car trop fins. En théorie, il est possible de se passer de bâche lorsque les panneaux de support sont en PVC. Néanmoins, l'utilisation d'une bâche simplifie la gestion des écoulements d'eau en les canalisant. Dans tous les cas, prenez un peu de marge, la bâche se coupant facilement, au ciseau.

La nappe horticole, aussi appelée feutre horticole ou plus simplement « Aquanappe », du nom de la marque la plus courante.

**Colle** : la bâche devant faire corps avec le support, il convient de la faire adhérer avec une colle forte. Celle que l'on trouve en magasin de bricolage sous la forme de cartouches (à placer dans un pistolet à gâchette) convient très bien, mais vous pouvez aussi utiliser une colle à enduire. Vérifiez la compatibilité de celle-ci avec la matière de votre bâche. Comptez une cartouche par $m^2$.

**Nappe horticole** : la nappe étanche est couverte du support de culture proprement dit, à savoir plusieurs épaisseurs de feutre (ou nappe) horticole, souvent appelée « aquanappe » (qui est une marque déposée). Il s'agit de fibres textiles synthétiques (souvent issues de tissus recyclés) agglomérées en une couche fine. Il en existe de plusieurs qualités, mais ce matériau est difficile à trouver dans les circuits non spécialisés. Prenez la plus épaisse que vous trouverez. Comptez environ 2 $m^2$ de nappe horticole pour 1 $m^2$ à végétaliser, et prenez un peu de marge.

Sachez qu'il existe de la nappe horticole de couleur verte. Difficile à trouver, elle a l'avantage d'éviter le spectacle de la surface grisonnante attendant d'être colonisée par les plantes. Si vous en trouvez, prenez-en assez pour en constituer la couche la plus extérieure du mur.

**Cuve** : la réserve de solution nutritive doit être dimensionnée en fonction de la surface à végétaliser. Pour des raisons de stabilité (voir page 38), voyez plutôt large et comptez environ 100 l par m². Jusqu'à 200 l environ, vous pourrez employer les réservoirs utilisés en hydroponie. Au-delà, les citernes à eau de pluie ou les cuves à liquide devront être utilisées. Elles sont hautes et pèsent lourd une fois pleines !

Cuve pour stockage de la réserve de solution nutritive dans une pièce séparée.

**Pompes** : en principe, vous n'avez besoin que d'une seule pompe immergée, celle qui véhiculera la solution nutritive dans le sens ascendant. Un modèle basique (sans contacteur flottant) mais de forte puissance (100 W par m² de surface végétalisée) est adapté. Il faut en effet que la pompe arrive à vaincre la résistance des tuyaux, des coudes et des goutteurs. Une deuxième petite pompe, quant à elle, brassera la solution en permanence. Cette option est obligatoire pour les systèmes de plus de 200 l. Les petits modèles pour aquariums, de 15 W, suffisent amplement.
N'oubliez pas de pourvoir la pompe principale d'un filtre, afin que celle-ci ne véhicule pas des impuretés, car les goutteurs se boucheraient à coup sûr. Vous pouvez employer un filtre 100 µm (le plus efficace mais réservé aux pompes de bonne puissance) ou des filtres plus grossiers, qui ne retiendront que les plus grosses bribes.

Exemple de pompe immergée destinée à alimenter le système d'irrigation. Les modèles à basse tension (24 V) sont plus sûrs mais plus coûteux et moins puissants.

**Tuyauterie** : l'irrigation du support est opérée par un système en tous points calqué sur l'arrosage automatique. Ce sont donc les mêmes goutteurs et le même tuyau en polyéthylène (PE) dont vous aurez besoin que pour un système enterré. Le diamètre du tuyau à utiliser est de 16 mm. Comptez 6 goutteurs par mètre de large, le double pouvant être requis en cas de mur très haut. Les modèles à débit réglable (souvent de 0 à 20 l/h) sont à préférer car ils offrent

Petite pompe de faible puissance (quelques watts) destinée à brasser la solution nutritive en permanence.

une souplesse d'irrigation appréciable. Vous pourrez aussi trouver des goutteurs à débit autorégulé : ils délivrent la même quantité quelle que soit la pression. Prévoyez également quelques coudes à 90° et un ou deux raccords en « T », ainsi que des bouchons terminaux. Même si cela représente beaucoup de petits accessoires, ce poste de dépense est de loin le moins conséquent de tous.

**Collecteur** : si vous optez pour une cuve déportée (à un autre niveau ou à proximité de la composition), vous devrez installer un mécanisme collecteur. Ce pourra être une gouttière (comme celles utilisées en couverture) ou bien un collecteur d'eaux de ruissellement, à camoufler dans un coffrage. Utilisez les composants en PVC, qui se découpent et se collent facilement. La longueur à prévoir correspond à la largeur de la composition.

**Timer** (programmateur) : un programmateur de prise électrique servira à commander la pompe principale. Préférez un modèle électronique, qui offre davantage de souplesse et de précision qu'un modèle mécanique (qui oblige à faire fonctionner le système par quarts d'heure).

**Conductimètre** (dit aussi « EC-mètre » ou électro-conductimètre) : cet appareil de mesure détermine la quantité d'éléments minéraux dissous dans une solution. Il s'agit d'un outil indispensable à la bonne gestion de la culture, puisqu'il permet d'ajuster la quantité d'engrais à ajouter à la solution nutritive, et évite les manques comme les excès. Le conductimètre coûte assez cher (de 50 à 150 € selon les modèles). Il n'existe que des modèles électroniques, qui s'emploient simplement en trempant l'extrémité dans la solution et en lisant la valeur qui

1 Tuyau d'irrigation principal
2 Tuyau secondaire
Les goutteurs peuvent être fixés directement sur le premier.

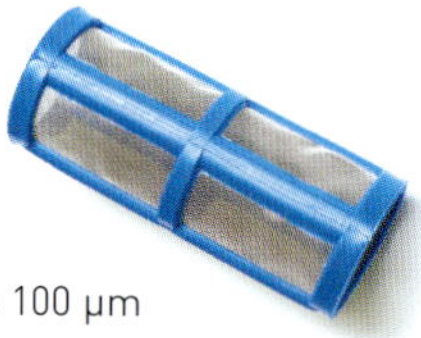

Filtre 100 µm

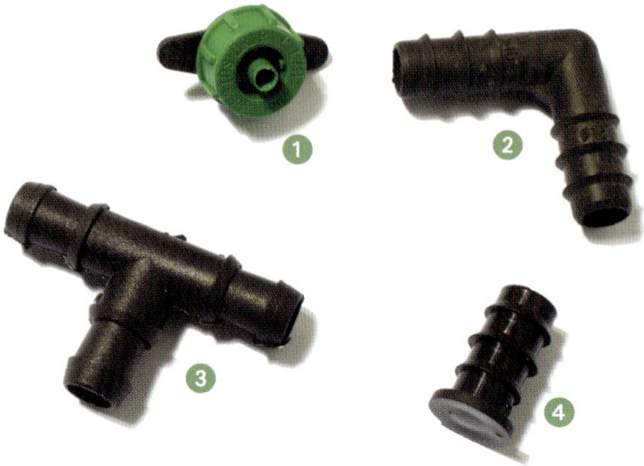


1 Goutteur à débit réglable
2 Coude à 90°
3 Raccord en « T »
4 Bouchon d'extrémité

s'affiche. Notez que c'est cet appareil qui a permis aux jardiniers non professionnels d'accéder à l'hydroponie !

**pH-mètre** : cet appareil, destiné à mesurer l'acidité d'une solution est également indispensable. Les plantes sont sensibles à l'acidité de la solution et il faut la vérifier très régulièrement. Le modèle le plus pratique est constitué d'une électrode à plonger reliée à un boîtier numérique. Comme le conductimètre, le pH-mètre électronique coûte assez cher, d'autant plus qu'il doit être étalonné avec une solution de référence de temps à autre (voir le chapitre consacré à l'entretien). Vous pourrez aussi employer des bandelettes indicatrices (leur couleur indique un pH particulier), moins précises mais beaucoup moins coûteuses. Une solution provisoire, en somme.

**Autres appareils de mesure** : un thermomètre à plonger (modèle pour piscine) pourra être utile afin de surveiller la température de la solution si la réserve est située dans un local plus chaud ou plus froid que les plantes. De même, un hygromètre (soit électronique soit traditionnel, à cadran), vous donnera les conditions d'humidité à

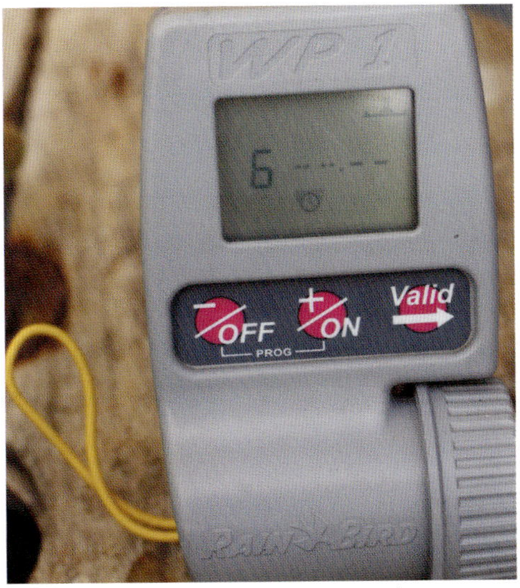


Un programmateur digital, bien adapté à l'irrigation d'un mur végétal. Vérifiez avant de partir que les piles de l'engin sont neuves : la catastrophe est vite arrivée lorsque les batteries tombent à plat !

Exemple de collecteur d'eaux de ruissellement vers une cuve située à l'arrière du mur : des gouttières PVC de petit diamètre.

Collecteur alimentant une cuve située à un niveau inférieur de la pièce où se trouve le mur végétal : il s'agit d'un collecteur d'eaux pluviales habillé dans un coffre couvert de zinc.

Les goutteurs ont ici été directement fixés sur le tuyau principal. celui-ci est maintenu en place par des « bretelles » coupées dans la nappe et agrafées au support.

L'éclairage plafonnier vaut s'il est dirigé vers la surface végétalisée. Sinon, il sera peu efficace, même si le confort visuel dans la pièce en pâtit.

**ASTUCE**

**Pensez à commander vos plantes au bon moment**, c'est-à-dire pas trop tôt, afin qu'elles n'aient pas à attendre dans un coin provisoire qui ne leur conviendrait sans doute pas. Vous ne courez aucun risque à laisser votre mur fonctionner sans plantes, bien au contraire. Mais vous risquez d'affaiblir vos plantes si elles manquent de lumière durant leur phase d'attente. Elles reprendront alors moins bien.

proximité de la paroi végétale. Ces deux équipements sont optionnels.

**Éclairage** : comme exposé dans le chapitre précédent (page 24), l'apport de lumière artificielle doit être bien pensé au préalable. Reportez-vous à cette section pour déterminer vos besoins théoriques. En pratique, une puissance utile (celle réellement absorbable par les plantes) de 200 W/m$^2$ autorise de nombreuses cultures. En extérieur, cet équipement n'est pas requis.

**Engrais** : il s'agit d'un ingrédient qui donne aux plantes toute leur subsistance, et qu'il faut sélectionner avec soin. Aussi avons-nous choisi de vous les présenter en détail dans le chapitre précédent. Voyez aussi page 112.

**Autres options** : si vous souhaitez réaliser une paroi végétale sans cuve située en dessous, vous devrez soit opter pour une cuve déportée (voir schémas précédents), soit choisir un système à eau perdue. Dans ce dernier cas, les eaux d'écoulement ne sont pas collectées dans un contenant mais simplement rejetées à l'extérieur, à l'égout. Cette solution n'est réalisable que dans le cas d'un mur à proximité duquel passe un collecteur ou une canalisation d'évacuation sur laquelle se brancher. Sinon, il faudra concevoir un système spécifique de collecte et de traitement de ces écoulements, dans un fossé par exemple. Une telle réalisation sort du cadre de ce livre. Quoi qu'il en soit, un système à solution perdue se passe d'une cuve dans laquelle stocker la solution nutritive. Celle-ci est fournie par une pompe microdoseuse (voir page 48).
Sachez que, dans les boutiques de fournitures pour culture en intérieur (les « *growshops* »), vous rencontrerez des **extracteurs d'air**. Ceux-ci ne sont pas utiles dans le cadre d'une végétalisation murale, inutile de vous en soucier !

### ÉTAPE 3 : FIXEZ LES ÉLÉMENTS PORTEURS

Après avoir déterminé les éléments nécessaires à la végétalisation de votre mur et que vous aurez réuni les fournitures correspondantes, il faut passer à la phase de réalisation. Répétons-le, il vaut mieux s'attarder un peu pour penser les opérations, plutôt que de partir tête baissée avec ses outils... au-delà des ennuis ! Vérifiez que vous avez prévu l'endroit où passeront les tuyaux, les raccordements électriques, l'encombrement, etc. Évitez de pré-assembler les éléments : il peut toujours surgir des surprises (le mur n'était pas si droit qu'il en avait l'air, etc.).

L'étape consistant à fixer les éléments porteurs n'est en principe pas la plus compliquée, si vous disposez d'un bon matériel de percement. La fixation devra en effet être adaptée à la nature du mur (briques, parpaings, béton...). Au final, la charge du mur sera assez lourde : il doit donc être solidement arrimé par l'intermédiaire des éléments porteurs. Notez que l'essentiel de la tension générée par la paroi végétale se trouve dirigée vers le bas.

Le schéma ci-contre montre le sens des tensions que supporte le mur : elles ont plus tendance à le faire descendre qu'à l'arracher. Les éléments porteurs vont donc devoir supporter l'essentiel de cet effort ; il sera plus prudent de les faire arriver jusqu'au sol, sur lequel ils reposeront.

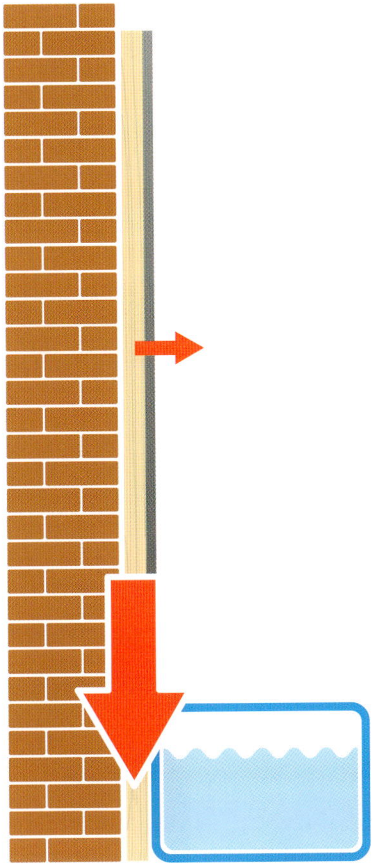

La force tendant à arracher le panneau de son support (flèche du haut) est bien inférieure à celle qui tend à le pousser au sol (flèche du bas). Il faut donc bien fixer l'ensemble au mur, mais surtout veiller à ce qu'il repose sur le sol.

### ÉTAPE 4 : PLACEZ LA RÉSERVE D'EAU

Dans un système comportant la cuve de récupération des eaux de drainage au pied de la paroi, le contenant peut avoir un certain encombrement. En le plaçant dès cette étape du montage, vous serez à même de faire coïncider le bas des panneaux de support avec le haut de la cuve, en évitant ainsi un jour inutile... ou un chevauchement involontaire.

La cuve n'a pas besoin d'être fixée au sol ; elle doit même rester facilement manipulable. Mais elle n'est pas forcément décorative. La partie supérieure doit rester largement ouverte afin que les eaux de drainage puissent s'y écouler librement. Mais les faces latérales peuvent être recouvertes. Vous pouvez donc dès ce stade songer à camoufler les côtés de la cuve par exemple avec un coffrage (de bois ou autre).

## À SAVOIR

**ALTERNATIVE À LA CUVE : LA POMPE MICRODOSEUSE**

Lorsque la place manque crucialement ou que l'approvisionnement en eau n'est localement pas un problème, on pourra envisager d'alimenter la paroi végétalisée à partir d'une solution préparée « à la demande ».
La pompe microdoseuse a la capacité de puiser dans un stock d'engrais pour le mélanger, à la quantité désirée, à l'eau du secteur. Cet engin fonctionne sans électricité, seulement par la pression de l'eau, un peu comme un moulin. Il faut donc que l'eau soit disponible sous pression (eau du secteur ou pressurisée par une pompe). La solution diluée produite par la pompe est alors acheminée dans les tuyaux d'irrigation de la même façon que s'il s'agissait d'une cuve. La solution est produite seulement lorsque le réseau est mis sous pression. Il faut en revanche aménager un système de recueillement des eaux de ruissellement en bas du mur, ainsi que leur évacuation. Il n'y a pas de solution toute faite pour cela...

1. Arrivée d'eau (secteur)
2. Filtre (optionnel)
3. Régulateur de pression
4. Purge
5. Pompe microdoseuse
6. Tuyau d'approvisionnement en engrais
7. Réserve d'engrais
8. Solution diluée
9. Vanne (pour irrigation ou rinçage du support à l'eau du secteur)
10. Filtre
11. Électrovanne et programmateur électronique (située après la pompe microdoseuse car l'eau provient du secteur ; les deux seraient placés en amont si l'eau provenait d'une pompe)
12. Départ vers la cuve tampon puis vers la paroi végétale

### ÉTAPE 5 : FIXEZ LES PANNEAUX DE SUPPORT

Cette étape ne comporte pas de piège. Il suffit de visser les panneaux (de contreplaqué ou de PVC) dans les éléments porteurs (les tasseaux verticaux). N'oubliez pas à cette étape, de faire passer les tuyaux derrière les panneaux si l'irrigation du mur s'opère par le centre et non sur un des côtés du mur (voir le schéma page 55).

## ÉTAPE 6 : METTEZ L'ÉCLAIRAGE EN PLACE

L'installation des sources de lumière peut être assez complexe, dans la mesure où il n'y a guère qu'au plafond qu'on peut les accrocher, alors qu'elles doivent éclairer toute la surface du mur. La seule alternative consiste à installer la lumière au sol, ce qui oblige à un savant camouflage de l'ensemble… Dans l'idéal, il faudrait même croiser les sources, c'est-à-dire les placer en plusieurs points. De la sorte, vous éviterez que les plantes ne « filent », autrement dit qu'elles s'étiolent vers une unique source de lumière.

L'éclairage doit pouvoir être orientable. Si le luminaire n'est pas pourvu d'un tel mécanisme, il sera très fastidieux d'en installer un, surtout pour un bricoleur peu aguerri. Néanmoins, les plantes sont très tolérantes et elles se satisferont de la lumière même si celle-ci ne leur est pas distribuée de façon optimale. Gardez simplement à l'esprit que mieux elles seront illuminées, meilleure sera leur santé. Par ailleurs, il existe des systèmes de rails motorisés, très avantageux. Le rail, fixé au plafond, reçoit un luminaire à visser et brancher dessus. Dès que le luminaire est mis en marche, le rail le fait coulisser d'un bord à l'autre, à faible vitesse (réglable). Le mur végétal est baigné d'une lumière homogène, suffisante aux plantes et ce, à l'aide d'un seul luminaire. Une solution à privilégier pour les murs plus larges que hauts.

Une source unique de lumière ne sera sûrement pas suffisante et il vaudra mieux les croiser pour plus d'efficacité : une venant du haut, l'autre du bas. Cette disposition produit une croissance plus homogène, mais se révèle plus encombrante.

**ASTUCE**

**La fixation au plafond d'un luminaire horticole**, qui n'est pas conçu pour cela, peut se révéler assez compliquée. Vous pouvez commencer par y fixer des équerres métalliques pliées à 45°, puis visser dessus le luminaire. Cette accroche sera discrète et vous n'aurez pas de mal à fixer le dispositif d'éclairage.

# UN MUR VÉGÉTAL EN HUIT ÉTAPES

**1** Mise en place des éléments porteurs (ici, des tasseaux de bois de forte section).

**2** Fixation du tuyau principal d'irrigation par l'arrière (ici dans un but esthétique) et placement d'un collecteur d'eau de ruissellement (cas d'un mur sans cuve de stockage au pied).

3 Fixation des panneaux de support (ici, un contreplaqué). L'irrigation choisie est assurée par deux lignes de goutteurs, qui seront alimentés par une arrivée en partie haute et une autre à mi-hauteur.

4 Fixation de la bâche étanche (ici, un EPDM collé au néoprène), en partant du bas.

5 La fixation de la bâche est achevée : un cadre camouflant les bords a été installé, et la bâche tapisse l'intérieur de ce cadre.

6 Fixation de la nappe horticole à l'agrafeuse (ici, en double couche). Les goutteurs ont été posés entre les deux couches de nappe.

7 Après toutes les phases de test et de mise en eau, la structure a été plantée (ici, à une densité assez faible).

8 Le mur, un an après la plantation (notez le système d'éclairage par néons sur les côtés).

## ÉTAPE 7 : FIXEZ LE FILM IMPERMÉABILISANT

Même si les panneaux de support sont en PVC (donc théoriquement étanches), il faut couvrir la surface avec une épaisseur de bâche suffisante, qui évitera que les écoulements ne se trouvent en contact avec la couche inférieure. Des infiltrations peuvent toujours se produire à travers les trous de fixation des plaques.

Découpez des bandes de la largeur de la paroi à laquelle vous ajouterez 15 cm, hautes d'un mètre et préparez la colle (voir page 44). Si la composition est de petite taille, vous pourrez sans doute vous contenter de tailler la bâche d'une seule pièce. Mais si la paroi végétalisée est de grande dimension, il faudra poser la bâche en plusieurs morceaux. Les bandes se posent en partant du bas de la réalisation, la bande du dessus devant déborder de 10 à 15 cm sur celle du dessous, et ainsi de suite. Encollez la partie basse du support, en déposant suffisamment de matière pour permettre un encollage généreux. Apposez la première bande (celle du bas), en la faisant dépasser de 10 cm de chaque côté. Avec un chiffon, polissez la bâche de façon à la faire adhérer à la colle et aplatir les bosses. L'adhérence est telle que la bâche tient en place toute seule. Il n'y a donc pas besoin d'attendre pour placer les bandes les unes après les autres.

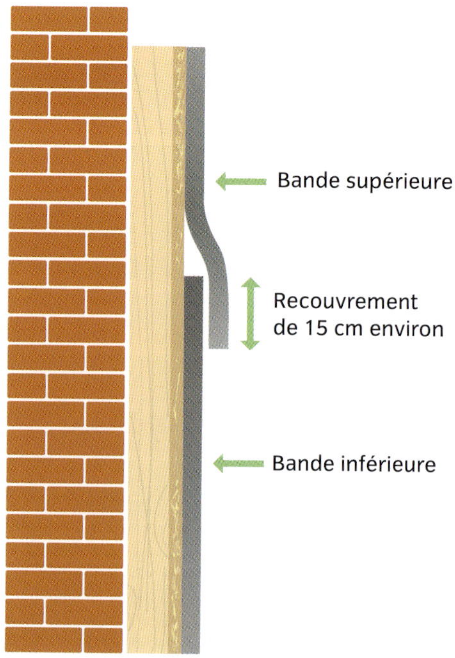


La bâche doit être disposée comme les tuiles d'un toit, avec un bon recouvrement de chaque largeur sur celle du dessous.

**ATTENTION**

La bâche doit couvrir une largeur entière, sans raccord. Un raccord effectué dans le sens vertical signifierait immanquablement des infiltrations d'eau à ce niveau.
La bâche pour bassin en EPDM s'achète au mètre : vous ne devriez donc pas avoir de problèmes pour découper des bandes de la bonne taille, même si la paroi végétalisée est très large.

Encollage du support avant pose de la bâche.

## ÉTAPE 8 : RACCORDEZ LES TUYAUX

Cette étape est très importante pour **garantir une bonne étanchéité de l'ensemble** mais aussi **un bon fonctionnement du mur**. Il faudra, au préalable, avoir fait passer le tuyau-mère (celui acheminant la solution jusqu'en haut du mur) derrière les panneaux ou sur un des côtés. Recoupez-le à la bonne dimension, en le reliant d'abord à la pompe puis en le sectionnant au niveau le plus haut. Pour plus de commodité, il faut poser un coude ou un raccord en « T » là où le tuyau doit changer de direction. Chaque extrémité doit être obturée avec un bouchon.

Si la composition mesure plus de 1,50 m et ce, indépendamment de sa largeur, il sera prudent de prévoir à mi-hauteur une deuxième ligne de goutteurs. La solution nutritive s'écoulant par gravité, il risque de se créer un gradient le long du mur, les plantes du haut recevant une solution « fraîche », nutritive, tandis que celles du bas, situées en bout de course, devront se contenter du reliquat de nutriments que les précédentes n'ont pas prélevé. La deuxième ligne de goutteur sera identique à celle du haut, à ceci près qu'elle sera reliée au tuyau principal par un raccord en « T ». Cette deuxième ligne peut être improvisée seulement dans le cas d'un approvisionnement par le côté. Dans le cas d'un tuyau passant au centre de la composition et alimentant deux petites lignes de part et d'autre (voir schéma précédent), cet étage d'irrigation devra être prévu dès le départ. Une fois la bâche collée, impossible d'accéder au tuyau en dessous !

Les goutteurs se fixent au tuyau en enfonçant leur base à travers un trou qui devra être effectué au préalable dans le tuyau, avec un petit ustensile (perceur) vendu avec les accessoires pour arrosage enterré. Cette tâche demande un peu de force car il faut appuyer très fort afin de faire rentrer la base du goutteur dans le tuyau !

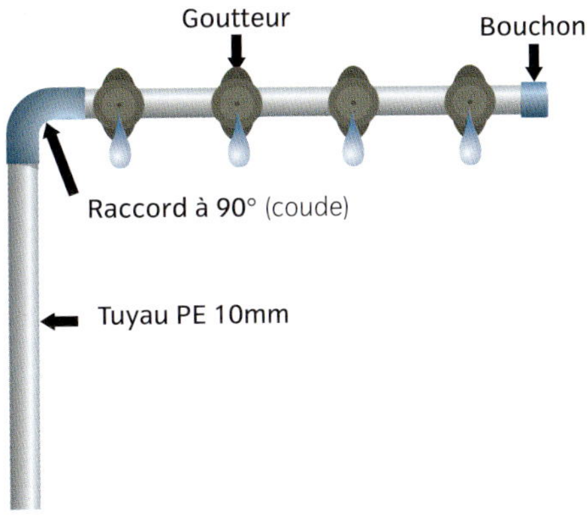


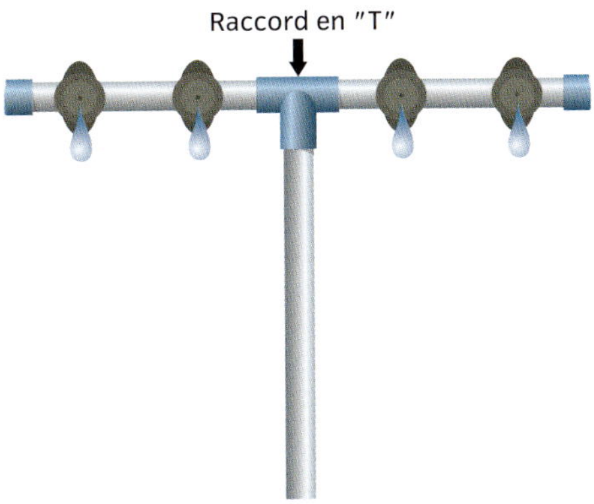


Qu'il soit sur le côté ou au centre, le tuyau est pourvu à ses extrémités d'un bouchon d'arrêt et de goutteurs, à raison d'un tous les 15 cm (environ). Un coude à 90° ou un raccord en « T » lui confère sa direction.

Tuyau secondaire raccordé à un goutteur : il permet d'irriguer plus spécifiquement une zone au bout du petit tuyau.

À ce stade, inutile de vous soucier de la fixation des lignes de goutteurs qui pendent un peu dans le vide. Ce détail sera réglé dans l'étape suivante.

Durant cette phase, munissez votre paroi d'un rebord. Ce sera soit un simple tasseau fixé sur le bord, soit un cadre plus élaboré et plus esthétique (voir plus loin). En effet, la couche imperméable doit former un angle droit afin que les ruissellements en bordure ne puissent pas s'échapper de la paroi. Un rebord de 5 cm suffit amplement, tandis que 10 cm assureront une sécurité complète. Fixez les tasseaux du cadre puis faites adhérer la bâche – les 10 cm de marge de part et d'autre indiqués à l'étape précédente – à ce tasseau avec de la colle ou des agrafes.

À l'issue de ce stade, la surface est imperméabilisée. Il ne reste plus qu'à placer les tuyaux d'irrigation avec leurs goutteurs !

**ASTUCE**

**BAIN BOUILLANT**

Les tuyaux en PE (polyéthylène) sont très peu souples et il est bien difficile de les raccorder. Assouplissez l'extrémité à relier en la trempant dans de l'eau chaude pendant quelques instants. Le plastique se ramollit et il devient plus facile de la ficher dans un raccord.

### L'idée déco

Profitez des derniers réglages pour équiper le mur d'un cadre destiné à cacher les bords de façon esthétique. Un coffrage de quelques planches peint de couleur neutre (noire ou blanche) suffit largement. Si vous êtes très bricoleur, pensez à un cadre métallique (en tôle d'aluminium ou de zinc), l'effet sera encore plus fort. Vous pouvez aussi opter pour une peinture métallisée en bombe, qui rendra un bel effet sur des moulures en pin !

Il faut faire déborder la bâche sur les côtés de façon à ce qu'elle se soulève un peu sur les bords. Un cadre jouera parfaitement ce rôle. Les risques d'écoulements s'échappant de la composition seront ainsi très minimes. Ce ne serait pas le cas si la bâche était plane sur ses bords.

### ÉTAPE 9 : FIXEZ LA NAPPE HYDROPHILE

**Découpez-la en bande de la largeur de la composition,** ou en morceaux plus petits pour vous en faciliter la manipulation. Elle se fixe au support tout simplement à l'agrafeuse, avec des agrafes si possible en inox. Comptez environ 50 à 60 agrafes au m² pour une bonne fixation du support.

**Commencez par fixer une première couche de nappe,** en laissant accessibles les goutteurs. Veillez à ce que les fibres de la nappe se trouvent de préférence dans le sens horizontal. Placée dans le sens vertical, la solution nutritive y drainerait plus vite. Calez les lignes de goutteurs avec des bandes de nappe agrafées : les lignes doivent être maintenues à l'horizontale avec ces sortes de bretelles improvisées. Cette première épaisseur servira de sous-couche à la partie dans laquelle seront fichées les plantes. Éventuellement, recoupez les bords de la bâche et de la nappe s'ils dépassent de trop.

**À ce stade, une seule couche de nappe suffit,** car il faut régler le débit des goutteurs. Selon le modèle, certains peuvent se régler à travers une couche de nappe. L'étape suivante et celle d'après (pose de la nappe, mise en eau et réglage) peuvent donc éventuellement être réalisées en parallèle. Fermez les goutteurs presque complètement (s'ils sont à débit réglable).

#### L'idée déco

Rien ne vous empêche d'ornementer la couche de nappe avec des éléments de décoration. C'est à ce stade-là que vous pourrez fixer au mur :

- un fragment de tronc ou d'écorce destiné à être colonisé par une espèce tapissante ou devant recevoir une plante particulière dont les racines doivent être maintenues à l'écart de l'humidité permanente : c'est le cas de nombreuses plantes épiphytes. Choisissez une essence résistante à la dégradation, comme de l'acacia (robinier) ;
- une figurine ou une petite sculpture destinée à être ensevelie par la végétation et ainsi appelée à créer un effet de surprise. Veillez simplement à ce que le matériau de l'ornement ne soit pas incompatible avec un séjour prolongé en milieu humide. La pierre et la résine ne posent pas de souci.

1 Fixez la nappe horticole à l'agrafeuse manuelle ou pneumatique (à louer).

2 Rectifiez les bords de façon à ce que le cadre camoufle la nappe et la bâche.

3 Maintenez la tuyauterie avec des bouts de nappe (« bretelles »).

## Étape 10 : Mettez en eau

À ce stade, il n'est pas encore question de placer les plantes ni de s'intéresser au dosage des solutions nutritives. Remplissez la cuve d'eau – non calcaire – et mettez la pompe en marche de façon continue, durant un temps bref. Observez bien l'envers du panneau, afin de détecter d'éventuelles fuites ou un suintement qui s'échapperait de la zone étanche.

L'eau a tendance à glisser sur la nappe avant de s'y infiltrer : il faut donc laisser le système fonctionner durant un temps plus ou moins prolongé avant de pouvoir identifier si la paroi est bien irriguée ou pas. Vérifiez en particulier que la nappe s'humidifie de façon homogène et qu'il ne se forme pas de zone sèche, impropre à la culture.

Si tel était le cas, il ne vous resterait plus qu'à placer un goutteur supplémentaire à ce niveau depuis la ligne la plus proche. Normalement, si la ligne de goutteurs est régulièrement espacée et bien positionnée, ce souci ne devrait pas arriver. Notez qu'il n'y a pas besoin d'obtenir une nappe parfaitement homogène. Certaines plantes apprécieront en effet une zone très humide ou au contraire un peu moins humectée. Voyez le chapitre consacré à l'entretien. Plus la nappe rendra vite son eau (c'est-à-dire que le bas se met à couler) et plus la fréquence du programmateur devra être élevée. Voir ci-dessous pour les réglages en détail.

Si tout se passe bien, vous pourrez alors passer à l'étape suivante, celle des réglages.

**À SAVOIR**

Lorsqu'elle est bien humectée, **la nappe change de couleur**. Elle passe du gris pâle au gris-marron foncé, ce qui se voit bien autour des goutteurs. La vitesse de progression de la tache vous indique le degré d'imbibition de la nappe.

## Étape 11 : Effectuez les réglages

Une fois que le mur tient l'eau, que celle-ci transite de façon correcte et uniforme, commencez à régler le **programmateur**. Une nappe standard requiert à ses débuts un fonctionnement de la pompe 10 à 15 fois par jour, de 5 minutes à chaque fois. Assurez-vous qu'entre ces périodes (de 1 h 30 à 2 h 30), le mur ne commence pas à se dessécher. Il doit « ressuyer », c'est-à-dire laisser s'écouler l'eau en excès. Mais il doit rester humide au toucher, sans tremper le doigt (sauf si vous appuyez sur la paroi comme une brute !). Au besoin, par exemple si la nappe commence à se dessécher au bout de 1 h 30, réglez le programmateur à une fréquence plus élevée (en rajoutant 5 programmes par jour ou une minute à ceux déjà programmés par ex.). Normalement, avec des goutteurs calés à 15 l/h et implantés selon une densité correcte, vous devriez être proche de la temporisation idéale.

Si la composition comporte deux lignes de goutteurs voire davantage, les valeurs seront peut-être un peu différentes et il ne sera sans doute pas utile de faire fonctionner la pompe durant 5 min à chaque épisode mais peut-être moins. Adaptez cette valeur en fonction du comportement du mur, jusqu'à trouver le bon rapport fréquence/durée. Lorsque ce réglage est correct, que la nappe ne se dessèche pas et a le temps de bien drainer, passez ensuite au calibrage de la solution nutritive.

**Mesurez le pH** de l'eau de la cuve. S'il est inférieur à 5,5 ou supérieur à 6,5, délayez progressivement un correcteur de pH (solution dite « pH+ » ou « pH- »), jusqu'à obtenir une valeur correcte. Attention, pour éviter tout déboire, il est impératif de brasser la solution. Aidez-vous si besoin de la pompe qui mélangera bien l'eau. Procédez par petits apports car le pH n'évolue pas forcément de façon linéaire et il peut connaître des variations assez brutales.
Lorsque le pH est correct, effectuez une mesure de la **conductivité** (Ec). Celle-ci est normalement proche de 0 (mais sera comprise entre 0 et 0,6 dans le cas d'une eau calcaire). Ajoutez de l'engrais complet, par petites doses, jusqu'à atteindre au final une valeur de 1,5 mS/cm$^2$ (soit à peu près 1 050 ppm ou encore 1 g/l). Plus encore que le pH, la conductivité évolue lentement. En particulier, elle augmente peu après un apport d'engrais, l'effet ne se manifestant que plus tard. Il est sage d'attendre une heure après un ajout d'engrais pour effectuer la mesure et éventuellement faire un apport supplémentaire. Cette étape vous offrira l'occasion de vous familiariser avec les appareils et aussi de voir la vitesse de progression des mesures. Vous saurez par exemple s'il faut un bouchon ou deux pour faire remonter l'Ec de 0,1. Éventuellement, laissez le mur fonctionner quelque temps (une nuit par exemple) et refaites à nouveau le point. Il se peut que la conductivité diminue un petit peu, signe que les fibres ont emmagasiné des nutriments. Ce phénomène n'a aucune importance dès lors que vous vous bornez à étalonner votre conductivité sur une bonne valeur.
Si vous avez opté pour une paroi à solution perdue, cette étape ne vous concerne guère. Il suffit simplement de régler la **pompe microdoseuse** au bon débit, en fonction de la concentration de l'engrais utilisé. Vérifiez ensuite que la solution délivrée correspond bien à ce que vous souhaitez, et contrôlez-en le pH.

Reste ensuite le réglage de la **lumière**. Tant que les plantes ne sont pas installées, bornez-vous à vérifier la bonne inclinaison des lampes, afin qu'elles ne soient pas trop près du mur (risque de brûlure des feuilles) ni trop loin (perte d'efficacité). Vérifiez que le système soit bien en place et que le programmateur de l'éclairage supporte l'alimentation de la lampe s'il s'agit d'un modèle à forte consommation.

**À SAVOIR**

**QUEL ENGRAIS ?**
Les éléments à apporter dans la solution ne correspondent pas à n'importe quel engrais. **Évitez les engrais organiques,** qui peuvent poser des problèmes d'odeurs. Dans l'idéal, il vous faudra employer des **engrais spéciaux pour hydroponie** (voir notre carnet d'adresses). Ceux-ci vous garantissent le meilleur comportement possible des sels une fois libérés dans l'eau. **Vous pouvez aussi recourir à des engrais solubles pour plantes vertes.** Moins adaptés à cet usage, leur point fort par rapport aux précédents vient de leur large diffusion dans le commerce, puisque vous pouvez les trouver dans de très nombreux points de vente. À utiliser plutôt comme solution de dépannage ou en appoint.

**ÉTAPE 12 : LAISSEZ LE MUR SE « PATINER »**

Reposez-vous quelque temps, car c'est une étape où vous n'avez rien à faire ! Il suffit de faire fonctionner le mur « à vide », c'est-à-dire sans plantes mais avec les réglages effectués et ce, pendant 15 jours dans l'idéal. Durant ce temps, les fibres de la nappe vont se peupler de bactéries bénéfiques à la croissance des plantes, une vie microbienne va commencer à s'installer. Parallèlement, les fibres vont également se saturer des nutriments présents dans la solution. La seule tâche utile sera de surveiller le niveau de l'eau (sans plantes, le mur évapore beaucoup) et la concentration des nutriments, en la réajustant petit à petit. Cette étape est facultative.

**ÉTAPE 13 : PLANTEZ**

Avant de passer au concret, vérifiez que vous avez suffisamment de plantes. La végétalisation d'une paroi se révèle en effet assez consommatrice de plants, à raison de 10 plants par $m^2$. Cette quantité varie selon la taille des plantes mais aussi la densité que l'on souhaite conférer à l'ensemble. Plus on plantera dense et meilleur sera l'effet de départ. Mais les plantes trop serrées se gêneront et certaines risquent d'en pâtir. Il faut donc trouver un bon compromis, entre la densité et l'effet esthétique, ce qui n'est pas évident. Il vaut mieux, en tout cas, tabler sur des plantes assez petites, comme celles vendues en godet de 7 cm pour les parties extérieures ou celles vendues en pot de 5 cm pour l'intérieur. Elles coûtent moins cher et sont très vigoureuses. Leur système racinaire s'accommodera plus facilement de la végétalisation sur panneau que ne le ferait celui de plantes âgées.

### Préparation des plantes

Les plantes doivent être préparées selon un processus simple :

Plantez soit en agrafant des poches par-dessus la nappe ou bien en incisant le feutre pour y glisser les mottes (ci-dessus). Cette deuxième solution est destinée aux plus expérimentés.

- mettez les mottes à tremper dans l'eau durant une heure ;
- dépotez les plants ;
- avec une fourchette ou à la main (moins efficace), défaites la motte, en étalant les racines ;
- enlevez le maximum de substrat, voire la totalité.

La motte des plantes doit pouvoir ainsi être déformée au point de prendre place dans un espace restreint. Pour les fixer au mur, vous disposez de deux techniques, à savoir : déchirer/inciser ou rapiécer. Ces deux méthodes impliquent qu'une deuxième couche de nappe soit fixée au préalable sur toute la surface.

Aménagez-vous un coin « dépotage », car il faut retirer le plus de substrat possible des racines.

### Première méthode de fixation : déchirer/inciser

Prévoyez une densité d'agrafes pas trop importante, soit une vingtaine au m$^2$. Posez la couche de nappe ainsi rapportée sans la tendre : elle doit bailler un peu pour embrasser le contour des mottes.

Déchirez ensuite cette couche de nappe à l'endroit où vous souhaitez placer une plante, à la main. L'ouverture doit être suffisamment grande pour accueillir la motte, mais pas plus. Glissez-y la motte comme on le ferait d'une lettre dans une enveloppe. La partie supérieure de la motte doit affleurer à l'air libre. Posez des agrafes aux alentours afin de consolider le tout.

Vous pouvez aussi pratiquer des incisions, variante plus propre que la précédente mais présentant un risque : celui de percer la couche imperméable. Employez des ciseaux fins de façon à ne couper que la nappe externe. L'emploi du cutter est possible, si les panneaux de supports sont faits d'une matière étanche (sinon il y aurait un risque de percer la bâche faisant l'étanchéité). La motte se glisse de la même façon.

Une plante bien préparée : elle est à racines nues !

PAS À PAS

**LA TECHNIQUE DU « RAPIÉÇAGE »**

1 Découper des rectangles de nappe correspondant à la taille des mottes.

2 Fixer un bord et le bas à l'emplacement défini sur le mur.

### Deuxième méthode de fixation : rapiécer

Cette méthode, plus laborieuse, est aussi plus précise. Elle consiste à couper une pièce de feutre à la dimension de la motte étalée, avec 5 cm de marge de toute part. Le feutre à plat sur la main, positionnez la motte et plaquez – délicatement ! – le tout contre le mur, à l'endroit désiré. De l'autre main, agrafez le feutre, en le tendant. Cette technique demande un coup de main, mais a l'avantage d'autoriser les repentirs : il suffit de dégrafer une poche mal positionnée en cas de souci. Cette technique offrira aussi la plus grande souplesse lorsqu'il s'agira de rajouter ou de remplacer des plantes, à l'avenir. Pour toutes ces raisons, la technique de la poche à agrafer est donc vivement recommandée (voir la technique ci-dessus en détail).

Placez les grosses plantes en premier, afin de bien les répartir sur la surface. Placez ensuite les petites, puis les couvre-sol en dernier. Si les gros sujets présentent de trop grosses mottes, il sera intéressant de les diviser, afin d'en constituer un petit groupe.

Les plantes en « minimottes » ou « micromottes » sont très adaptées à ce type d'emploi. En effet, elles correspondent à de jeunes plants dont la motte racinaire est très compacte. Les plants sont faciles à manipuler et ne demandent aucune préparation. De plus, la faible taille de la motte conditionne bien les sujets à un milieu nutritif, de sorte que leur reprise est très bonne. Comme ils coûtent moins cher que des plantes de plus grande taille, il est possible d'en augmenter la densité au m$^2$. Il s'agit donc d'une solution que nous vous conseillons vivement. Les fournisseurs ne sont pas très nombreux et la gamme proposée s'étend lentement. Mais il sera déjà très intéressant de faire appel à ce qui est disponible.

3 Glisser la motte, en orientant la plante pour la faire pencher un peu vers l'extérieur.

4 Agrafer le dernier bord et sur la partie supérieure de la poche, afin d'arrimer solidement la plante.

5 La plante est installée.

Voyez aussi page 86 dans ce chapitre afin de bien arranger vos plantations.

## ÉTAPE 14 : SURVEILLEZ

Une fois les végétaux en place, ils ne vont pas tarder à montrer leur satisfaction ou leur insatisfaction, généralement au bout de deux semaines (moins pour les fougères, s'il y a un problème). Quelques feuilles qui se dessèchent correspondent à un processus normal. Ce seront les nouvelles feuilles qui s'acclimateront à la composition, et non pas celle que le végétal possédait en arrivant sur le mur. Celles-ci ont été formées en serre, dans des conditions bien différentes. Rien d'inquiétant à ce qu'elles se flétrissent un peu.

Surveillez les plantes qui semblent avoir soif, signe éventuel d'une insuffisante imbibition de la nappe à cet endroit. Lorsque les plantes se plaisent, elles ne tardent pas à le manifester. La croissance est normalement très forte (sauf pour les rares plantes à la pousse lente), voire spectaculaire comparée à la croissance habituelle des plantes en pot. Une petite plante peut voir sa taille multipliée par quatre en trois mois seulement si les conditions la satisfont ! Un rythme de croissance que seuls obtiennent les horticulteurs professionnels.

Des plants en mini-mottes

À SAVOIR

**AVEC OU SANS HABITANTS ?**

La cuve étant destinée à contenir de l'eau en permanence, il peut être tentant d'y projeter quelque élevage ou culture. Dans la réalité, les choses ne sont pas aussi simples…

**Poissons** : de petits poissons pourront se maintenir dans la cuve, mais elle ne devra pas contenir d'engrais chimiques sous peine d'intoxiquer les poissons. Ce sont les plantes qui vont purifier l'eau que l'activité des poissons contribuera à enrichir. Un équilibre certes naturel mais délicat à trouver ! Une espèce comme les carpes koï (les « poissons rouges ») sera la plus adaptée, du moment que la cuve bénéficie de lumière. Inutile de prévoir beaucoup de poissons : le volume disponible ne sera pas très grand et ils grossissent vite.

**Batraciens** (dendrobates et petites grenouilles tropicales) : nous déconseillons formellement cette hypothèse, qui peut paraître tentante. D'abord parce que la provenance des animaux sera toujours sujette à caution (animaux prélevés dans la nature puis revendus sous couvert d'un élevage). Le plaisir égoïste d'héberger ces animaux dans nos intérieurs ne peut justifier le pillage de la nature. De toute façon, leur maintien sur une paroi végétale est illusoire en intérieur (et encore plus à l'extérieur !).

**Insectes** : certaines espèces, comme les phasmes (les « bâtons vivants »), peuvent demeurer quelque temps parmi les plantations, mais finiront par aller explorer les environs… et y périr. Tout au plus peut-on envisager d'implanter

Une ravissante scène tropicale… qu'il ne faut pas espérer recréer chez nous !

quelques phasmes mangeurs de fougères (*Oreophoetes*), lorsque les plantations sont bien installées. Inoffensifs et graciles avec leur fin corps rouge, ils ne risquent pas de provoquer beaucoup de dégâts.
Les animaux du commerce proviennent toujours d'élevage. Leur présence est bien sûr incompatible avec tout traitement insecticide des plantes. En revanche, ils cohabiteront sans problème avec les agents de lutte biologique (voir pages 116-120).

**Plantes aquatiques** : à condition d'être bien éclairée, la cuve pourra recueillir une végétation de plantes aquatiques, comme des papyrus ou des plantes flottantes (jacinthe d'eau). Les plantes d'aquarium (myriophylle, etc.) sont à éviter car elles risquent d'être aspirée par la pompe et de la boucher. Seule exception : les fougères du genre *Ceratopteris*, qui sont semi-émergées et résistantes au manque de lumière.

Le papyrus (*Cyperus alternifolius*) se satisfait bien des conditions du bas d'une paroi végétale très humide, à condition de disposer d'une luminosité suffisante.

Ici, les poissons ne risquent pas d'être aspirés grâce au filtre en mousse placé à l'extrémité du tuyau.

# LES AUTRES TECHNIQUES

La végétalisation de paroi sur nappe horticole a fait l'objet d'une présentation détaillée car il s'agit de la technique la plus accessible à l'amateur. C'est aussi la mieux documentée car la plus expérimentée. Mais ce n'est qu'une possibilité parmi bien d'autres, surtout en intérieur.

Le principe général restant identique, il ne sera détaillé que les variantes dans les pages à suivre, c'est-à-dire ce qui est spécifique à chaque technique.

## Les parois « sandwich »

Ce type de paroi repose sur le principe de la végétalisation non pas d'une nappe horticole mais d'un support hydrophile, comme de la laine (naturelle ou artificielle) ou de la fibre de coco. Ce support est maintenu à la verticale grâce à une maille, comme un grillage ou un filet en matière plastique. La rigidité est apportée par une structure interne, comme un grillage rigide à clôture en fer plastifié et que l'on trouve en panneaux.

### Les différents supports possibles

La **fibre de coco** offre sans doute le meilleur compromis de toutes les matières possibles. En effet, elle ne se dégrade que très lentement, retient bien l'eau mais sans gonfler exagérément ni provoquer d'asphyxie des racines. Employez-la sous forme de « chips », c'est-à-dire de copeaux broyés, prêts à l'emploi. Vérifiez au préalable que la fibre a été rincée. Dans le doute, laissez-la tremper durant une nuit dans un baquet d'eau claire. Elle peut en effet contenir une grande quantité de sel. De plus, les chips de coco se manipulent mal lorsqu'ils sont secs (ils s'envolent facilement et ne tiennent pas).

En revanche, les copeaux de coco, comme ils sont assez durs, se laissent difficilement traverser par les agrafes, surtout les petites. Une garniture à base de **sphaigne** n'a pas cet inconvénient. Le problème, pour la sphaigne, est ailleurs : ce n'est pas écologique du tout ; car qui dit sphaigne dit destruction de tourbière vivante, un milieu fragile et qui demande des centaines d'années à se reconstituer. Les tourbières de nos régions sont protégées. C'est d'ailleurs pour cela que l'on pille sans vergogne celles des autres (celles du Chili en particulier). Pour cette raison, ce substrat n'est pas du tout recommandé. L'alternative réside dans la **tourbe blonde**, dont l'exploitation est moins problématique si elle provient d'Europe, car elle est très réglementée.

Les **laines** peuvent être soit naturelles (laine de mouton) soit artificielles (laine de roche horticole). La première offre un bon comportement vis-à-vis de la solution nutritive, puisqu'elle joue un important rôle de régulation hygrométrique (elle peut retenir jusqu'à 3 fois son poids en eau). Hélas, elle se dégrade en quelques années seulement, ce qui pose le problème de sa durabilité. L'utilisation d'un filet plastique est indispensable. La laine de roche horticole (de type Cutilene®) n'a pas cet inconvénient et elle constitue un milieu très favorable au développement des racines. Sa manipulation

**PAROI DITE « EN SANDWICH »**

Facile à constituer et elle peut être facilement végétalisée sur les deux faces. Contre un mur, il faudra l'équiper d'un dos étanche, comme sur un mur sur nappe horticole.

peut se révéler irritante pour les voies respiratoires et elle ne se trouve que difficilement. Outre ces deux inconvénients mineurs, il s'agit d'un très bon support de végétalisation. À défaut, vous pourrez utiliser de la laine de roche en panneaux destinés à l'isolation des combles (de 60 cm de large pour 50 mm d'épaisseur). Sa qualité agronomique est moindre, mais elle est très bon marché et se trouve dans tous les magasins de bricolage.

### Filet et grillage

Côté **filet**, employez un filet anti-oiseau que vous trouverez dans toute jardinerie. Les mailles de 10 mm de côté suffisent, mais leur couleur compte aussi. Le noir est plus discret que le vert, et un maillage sera difficile à camoufler ! Le nylon (comme celui que l'on pose sur les fraisiers) durera plus longtemps que le polypropylène (c'est celui qui constitue les « filets à patates »).

Vous pourrez employer un **grillage**, soit en métal à larges mailles, soit en plastique à petites mailles. Dans le premier cas, vous planterez au travers. Dans le second cas, vous devrez pratiquer des entailles afin d'y glisser les plantes.

### Les structures possibles

Une **variante** consistera à végétaliser non pas une paroi plate mais une sorte de **tour**, constituée de laine de roche horticole accrochée à une structure de grillage semi-rigide à grosses mailles (en inox ou gainé de polyéthylène). Ce cylindre sera irrigué depuis l'intérieur (creux), par un tuyau de 16 mm comme celui employé dans les parois à base de feutre horticole. En revanche, les goutteurs ne seront pas fixés directement dessus mais par l'intermédiaire de sections de tuyau souple de 4 mm. Cette disposition en araignée facilitera la réalisation et améliorera l'humectation de la laine.

La laine de roche horticole (type « Cutilène ») permet d'ailleurs de réaliser des variantes, à son goût. **On peut ainsi végétaliser un rocher reconstitué, un dôme, une structure géométrique, recréer un effet de cascade, etc.** Les contraintes portent sur le maintien de la roche, car si elle a un peu de portance, elle ne pourra pas résister au poids des plantes lorsque celles-ci grandiront. Un renfort à base de grillage est impératif. L'autre contrainte provient du drainage rapide de la solution : il faut organiser une récupération efficace des écoulements. Les moins bricoleurs pourront fabriquer, à peu de frais et sans grande difficulté, une sorte d'île en laine de roche assemblée sur une âme de grillage et reposant sur une grande cuve (plutôt large mais pas trop profonde pour des raisons esthétiques). Une petite pompe d'aquarium servira alors à acheminer la solution à travers les tuyaux.

La structure ressemble véritablement à un **« sandwich »** lorsque les deux faces sont végétalisées. Dans ce cas, le mur se regardera sur les deux faces, la tuyauterie passant au centre du mur, entre les couches. Néanmoins, une telle réalisation requiert une certaine technicité, puisque la solution ne peut pas être recyclée (car il n'y aura pas de place pour une cuve de récupération). Il faut donc organiser le rejet de la solution nutritive dans un réseau adapté, construire une structure de support pouvant être garnie sur les deux faces. Une entreprise qui dépasse le cadre de cet ouvrage.

### Étapes de réalisation

**Pour réaliser une telle paroi**, procédez comme avec le feutre horticole, jusqu'à l'étape 8. La couche hydrophile doit se poser en même temps que le filet de maintien, en partant du bas. Agrafez le filet à la base du mur, puis garnissez-le de substrat

De la sphaigne vivante : la composante essentielle des tourbières, seul milieu d'où on peut l'extraire. Or ces milieux sont en forte régression, et ce à l'échelle planétaire...

sur 10 cm, agrafez de nouveau. De proche en proche, vous pourrez garnir l'ensemble de la surface, mais l'opération nécessitera un peu de temps si la paroi est grande !
La laine de roche horticole se pose de façon un peu différente. Il faut en effet la caler entre des équerres de plastique elles-mêmes fixées au support. En guise d'équerre, vous pourrez employer des cornières larges de 5 cm en PVC, débitées en tronçons de 10 cm de long vissés directement sur le support. En effet, pour gagner en efficacité, les fibres de la laine de roche doivent être disposées de façon horizontale, les panneaux étant alors couchés et coincés entre ces « rails » de PVC. Cette technique est fastidieuse et ne dispense pas de fixer un filet par-dessus le tout en fin d'opération. Il faut prendre garde à bien incorporer les

**À SAVOIR**

**LES MURS VÉGÉTAUX SONT-ILS ÉCOLOGIQUES ?**
Non, bien sûr. C'est même tout le contraire, quoi qu'on dise. Ils consomment beaucoup de matières premières synthétiques, qui ne pourront pas être recyclées. Ils consomment de l'eau, surtout s'ils sont alimentés par un système à eau perdue. En intérieur, ils consomment beaucoup d'énergie pour l'éclairage, voire le chauffage. Les engrais consommés par les plantes sont fabriqués à partir de composés chimiques et d'énergie, à moins d'utiliser des engrais organiques (qui ne sont pas parfaits). Les murs végétaux ont un intérêt sanitaire évident, par la filtration de l'air et le bien-être qu'ils procurent. Ils limitent le bruit urbain sur les parois et leur effet décoratif a peu d'égal ; soit autant de bienfaits pour nous. Mais cela n'a rien à voir avec l'écologie...

lignes de goutteurs au substrat. Là aussi, toute action demande réflexion !

Une fois le support entièrement garni, procédez aux **tests de mise en eau**. Le « sandwich » étant plus opaque que le feutre horticole, veillez à laisser la pompe fonctionner jusqu'à ce que l'épaisseur totale rende l'excès de solution. Laissez ainsi le système marcher « à vide » pendant quelque temps avant d'effectuer la plantation.

La **plantation** s'effectue de façon simple. Ici, pas besoin de préparer longuement les mottes : il suffit de les débarrasser de l'excédent de substrat qui n'est pas collé aux racines. Le plus délicat consistera à préparer des trous de plantation dans l'épaisseur du substrat. S'il s'agit d'une laine, procédez comme avec le feutre horticole. Sinon, dégagez des cavités (à l'aide d'un plantoir ou d'une spatule), et glissez-y la motte. Un chausse-pied pourra vous être d'un grand secours ! Employez des gants si le support est constitué de laine de roche.

Ce type de mur n'est pas adapté à la plantation de végétaux en grosses mottes mais plutôt de **plants de petite dimension**. En effet, il faut éviter d'ouvrir de trop grosses fentes à travers les mailles du filet retenant le support. Employez soit des plants en pots de 5 cm de diamètre (plantes à bonbonnière), soit des micromottes (voir notre carnet d'adresses), soit encore des boutures. À condition de choisir des plantes s'enracinant très facilement, cette technique garantit une couverture rapide du support et évite d'avoir à ouvrir le filet. En intérieur, les tradescantias et l'helxine sont les plus adaptés, mais il en existe bien d'autre. Reportez-vous à notre sélection de plantes.

Une variante consiste à employer non pas une couche souple mais de la **pouzzolane** (roche volcanique broyée). La pouzzolane a l'avantage de ne pas se tasser et ainsi de garantir que les racines ne seront jamais asphyxiées, même si le substrat est très humide. En revanche, la difficulté posée par cette matière vient de sa difficulté à se fixer sur le support. Il faut en effet constituer des boudins de pouzzolane enfermée dans du filet, et les fixer au support par agrafage (par exemple en faisant appel au principe des « bretelles » décrites page 57). La technique est délicate et il vous faudra bien prendre le coup de main pour arriver à couvrir toute la surface de la paroi. En outre, la plantation ne sera pas facile, car vous ne pourrez pas ficher de motte à l'intérieur des boudins mais simplement entre ceux-ci, à moins de les préplanter.

Comme avec la technique précédente, la **pompe** doit être asservie à un programmateur. Étant donné que les goutteurs sont moins accessibles, c'est principalement avec cet appareil que vous pourrez maîtriser le degré d'irrigation du support. En théorie, les valeurs sur lesquelles se baser sont similaires à celles des structures en nappe horticole. L'épaisseur plus importante, dans le cas présent, aura tendance à ralentir le drainage de la solution à travers la couche. Il sera donc sage de se caler sur des valeurs moins importantes, comme 5 min 5 fois par jour, voire moins une fois que les plantes seront bien installées et bien enracinées.

## Les parois taillées

Ce type de végétalisation est très particulier, puisque **c'est la structure qui sera elle-même cultivée**. Le composant de base est une roche de texture mousseuse, comme une pierre meulière très poreuse, du basalte ou bien de la pierre ponce. Ces matériaux se trouvent rarement sous de grandes dimensions. Or pour en composer une paroi végétale, il n'est pas question de les relier au mortier qui créerait des alvéoles étanches,

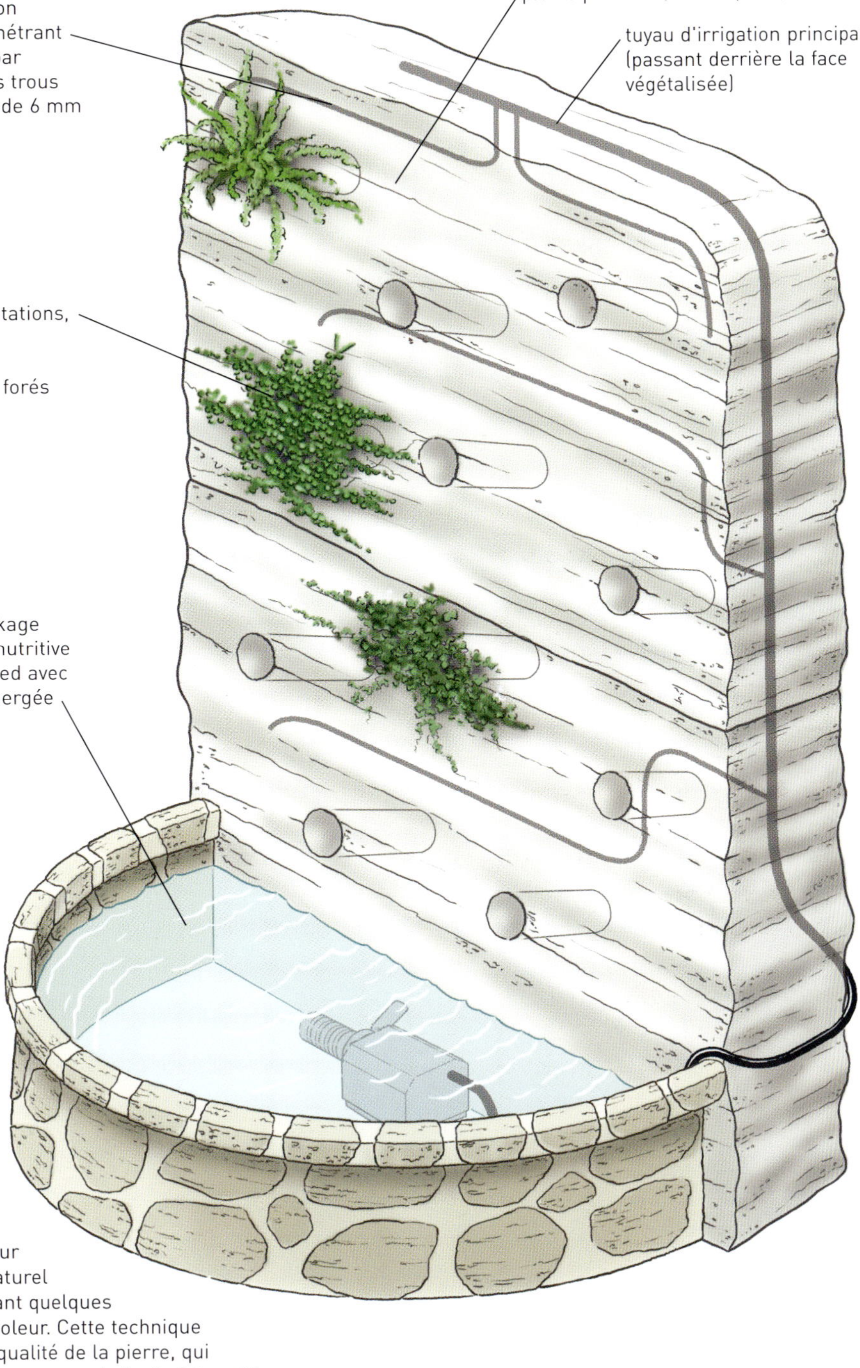


**PAROI DE PIERRE TAILLÉE**

Exemple de mur végétal très naturel mais demandant quelques talents de bricoleur. Cette technique repose sur la qualité de la pierre, qui doit être très poreuse mais facile à travailler.

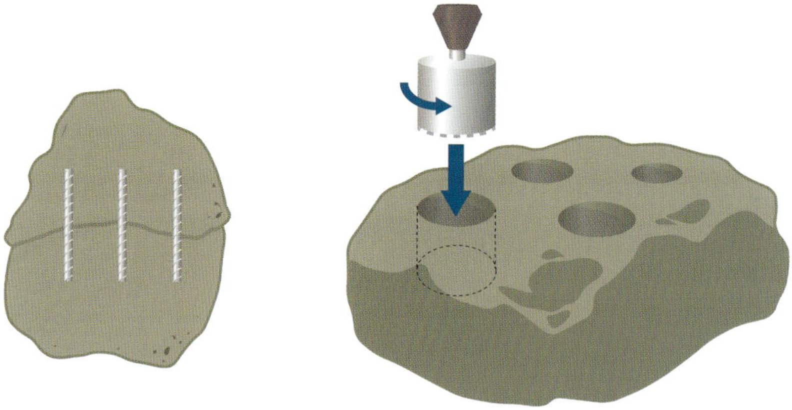

Les différentes pierres constituant la paroi doivent être jointives mais ne peuvent pas être solidarisées au mortier. Seul un brochage avec des fers, réalisé dans l'épaisseur, permet de les faire tenir debout. L'emploi d'une seule pierre de grande taille évite bien sûr cette étape. Les loges de plantation sont percées sur la face avant avec une scie-cloche diamantée de bon diamètre, et assez profondément, sans bien sûr traverser la pierre. Les trous d'irrigation seront aménagés sur l'autre face, avec une mèche de petit diamètre.

incompatibles avec l'écoulement d'une solution nutritive à travers la roche.

L'alternative est offerte par le béton cellulaire, de structure mousseuse mais qui a des inconvénients pour l'usage qui nous intéresse. En effet, il est majoritairement composé de chaux ; il est donc riche en calcaire, ce qui est difficile à accorder avec les exigences des plantes cultivées en hydroponique. Il faudra bien penser les plantations et la conduite de la solution nutritive.

Le premier point fort de cette méthode tient à son **aspect esthétique**. Même sans plante, la roche brute offre un aspect visuel satisfaisant, très bien mis en valeur dans un intérieur. De plus, comme la paroi végétale se porte d'elle-même, il n'est pas nécessaire de l'adosser au mur. Les risques d'infiltration ou d'humidité à ce niveau sont donc exclus.

Le point faible de cette technique est de taille : les **pierres sont lourdes** et il faut les percer avant de les monter !

### Principe

Le principe est simple : une masse rocheuse est irriguée à son sommet par de petits tuyaux (sans goutteurs). La solution nutritive dégouline à la surface de la pierre et en profondeur, jusqu'à la réserve d'eau qui entoure le pied de la paroi. Les plantes colonisent des cavités percées au préalable.

La pompe à employer sera de puissance beaucoup plus modeste que celles à employer dans les systèmes présentés précédemment. Un modèle non immergé de 40 W, comme ceux que l'on trouve couramment dans les magasins d'aquariophilie, convient très bien.

Une paroi de pierre taillée après installation de la végétation. Les espèces ne pouvant s'étendre à travers le support, c'est sur celui-ci qu'elles peuvent s'étaler, à l'instar de l'helxine, très présente ici, ainsi que des *Nephrolepis* (fougères vertes) (création Les Jardins Supendus).

Dans leur loge de plantation, les végétaux ne développent pas un système racinaire très important, faute de pouvoir s'étaler.

## Réalisation

La réalisation débute par l'**aménagement de la base**. Le plus simple est d'installer la paroi dans une cuve large, mais pas trop haute, posée sur le sol. S'il n'existe pas de risque important de dégât des eaux (par exemple, dans une véranda ou un niveau de plain-pied), vous pourrez maçonner directement un petit bassin à même le sol. La contenance de l'ensemble doit avoisiner 100 l. En effet, avec cette technique, il ne sera pas possible de végétaliser une grande surface. Dans tous les cas, gardez un espace d'au moins 10 cm entre la zone de rétention de l'eau et le mur, afin de laisser l'air y circuler.

**La structure** doit se composer soit d'un bloc entier, soit de quelques blocs (2 à 3 au plus). Dans ce cas, les blocs devront être solidarisés entre eux par l'intermédiaire de tiges en fer, comme s'il s'agissait de tourillons. L'emploi d'un liant n'est pas possible pour les raisons évoquées ci-dessus. Les trous seront à effectuer à la perceuse ou au perforateur selon la dureté de la pierre. 2 à 3 tiges de 10 mm de diamètre, enfoncées de 15 cm dans chacune des parties seront suffisantes. Il n'est pas besoin de les encoller.

Le point délicat de la réalisation concerne la **préparation du support**. La roche brute ne peut recevoir de plantation car elle ne porte pas ou trop peu d'anfractuosités. Or il faut aménager des cavités dans lesquelles prendront place les plantes, lesquelles cavités devront être suffisamment vastes pour autoriser un certain développement des végétaux. Il faudra donc, à l'aide d'un trépan ou mèche-cloche de 60 mm de diamètre (environ), creuser la roche. S'il s'agit de béton cellulaire, l'opération ne sera pas trop difficile. Dans le cas d'une roche naturelle, plus esthétique, prévoyez un peu de temps et un matériel adapté. Pensez par exemple à louer un matériel puissant dans une chaîne de location plutôt que de peiner avec votre outillage.

Cette étape est indispensable pour permettre une végétalisation correcte de la surface par des plantes à rosettes. Les plantes au port plus tapissant (comme les sélaginelles, voir page 133) peuvent se contenter de trous moins importants, dans lesquelles elles trouveront de quoi s'arrimer de place en place. Vous pouvez ainsi choisir de simplifier le forage en ne perçant que des petits trous avec une mèche à fraiser. Mais il faudra que ces trous soient plus denses et que le choix des variétés soit bien adapté à cette solution.

Lorsque la surface a subi cette préparation, il faut encore effectuer un troisième type de percement. Avec une grosse mèche, effectuez 4 à 5 trous dans la partie supérieure de la masse. Profonds de 5 à 10 cm, ils recevront les tuyaux d'irrigation et la solution pourra ainsi s'infiltrer au travers de la pierre. Ces trous peuvent croiser les cavités de plantation : cela n'a pas réellement d'importance si la texture est vraiment poreuse.

**À SAVOIR**

**UNE ALTERNATIVE : MAÇONNER DES PIERRES PAR L'ARRIÈRE**

Si vous ne disposez pas du support adéquat, vous pouvez imaginer de mimer une paroi de pierre poreuse. Il suffit pour cela de couler, sur un support plat et propre, une couche de ciment de 10 cm d'épaisseur et d'y insérer, tant qu'il est frais, des pierres meulières. Posées à la façon d'une calade (galets noyés dans un mortier), les pierres bénéficieront d'interstices favorables à la plantation. Dès cette étape, truffez la dalle de ciment de petites portions de tuyaux, enfoncées à la verticale. D'un diamètre d'un centimètre environ, ces passages serviront à faire passer les tuyaux d'irrigation.

Laissez bien sécher le tout durant plusieurs jours. Il peut être utile de prévoir un renforcement de la dalle dès le départ, par exemple en coulant le ciment sur un morceau de grillage plastifié (ou en inox). Ne voyez pas trop grand : l'ensemble sera bien lourd lorsqu'il s'agira de le relever ! La pose de la paroi se fait ensuite comme s'il s'agissait d'un mur fait de pierre naturelle, au centre d'un bassin.

La partie basse peut ensuite être arrimée à la cuve, par l'intermédiaire d'un mortier ou d'une colle forte. L'ensemble ne doit pas se trouver en équilibre précaire... car sa chute ferait des dégâts ! Posez ensuite la partie supérieure si la paroi est constituée de plusieurs éléments, avec ses fers servant de chevilles. Si la rétention d'eau est effectuée dans une cuve, il faudra la mettre en eau dès que la partie basse du mur sera fixée. Le risque de basculement sera ainsi limité. Mettez ensuite **la pompe et les tuyaux** en place. De la pompe doit partir un tuyau principal (par exemple, d'un diamètre de 16 mm) jusqu'à l'extrémité supérieure de la paroi. Là, les tuyaux de petit diamètre (4 mm) prennent le relais et amènent la solution, depuis le tuyau-mère jusqu'au fond des trous percés à cet effet. Il n'y a pas de goutteur à installer. Mettez le système en marche afin que la pierre s'imbibe complètement et ruisselle, avant de passer à la plantation. Vérifiez que la paroi ne ruisselle pas à l'arrière. Un bassin entourant complètement la base évitera tout souci.

**La végétalisation** consiste à placer les plants ou les boutures dans les trous prévus à cet effet. Comme ils sont en nombre assez restreint, cette étape demande peu de temps. Vérifiez cependant que la taille des mottes – s'il s'agit de plants enracinés – est égale ou inférieure aux trous. Dans le cas contraire, vous n'aurez d'autre choix que de diviser les plantes ou bien de les troquer contre des plants plus petits.
Si, au final, la densité des plantes vous semble trop faible sur un plan esthétique, vous pouvez toujours forer des trous supplémentaires de petit diamètre (5 mm) et de faible profondeur (4 à 5 cm). Il vous suffira de les garnir d'une bouture de misère (*Tradescantia*) qui ne tardera pas à se développer et s'enraciner aux alentours.

## La végétalisation sur substrat traditionnel

La culture en pot a ses avantages. Elle évite en particulier de devoir se préoccuper de l'état de la solution nutritive, puisque les plantes ponctionnent ce dont elles ont besoin dans le substrat qui leur est offert. Végétaliser un mur en intérieur peut très bien se concevoir de cette façon. Il faudra soit être bricoleur, soit se contenter des kits modulaires proposés dans le commerce (voir page 82). Vous trouverez ici des conseils pour réaliser votre propre mur, façonné par vos soins.

### Principe

Le principe de la végétalisation sur substrat traditionnel consiste tout simplement à superposer des loges de culture à l'oblique, afin que l'ensemble occupe une surface réduite au sol. Vous devrez pour cela construire une étagère dont les rayonnages, vus de face, sont droits, mais inclinés vers le haut lorsqu'on les regarde de profil. Cette disposition permet de créer des loges qui pourront recevoir de la terre sans que celle-ci ne tombe, alors que les plantes seront installées de façon oblique.
Prévoyez des loges de 15 cm x 15 cm au moins, afin que les occupants trouvent de quoi se nourrir. Des loges plus grandes vous obligeront à y planter plus de végétaux pour que ceux-ci ne soient perdus. Mais des loges très petites occasionnent un surcroît de travail qui n'en vaut pas vraiment la peine, d'autant que le volume disponible pour les racines sera trop limité pour que les plantes se développent beaucoup.
Tout le souci posé par ce type de végétalisation tient à la matière avec laquelle vous confectionnerez l'étagère. Elle doit être étanche, pour résister en permanence au contact de la terre, solide, pour tenir le poids de la terre et plantes. Enfin, elle doit

## LE « CASIER À PLANTES »

C'est une sorte de jardinière rectangulaire à étages. Pas plus difficile à fabriquer qu'une étagère, hormis les parois inclinées, elle permet de cultiver des plantes retombantes ou drageonnantes dans un terreau classique. Son inconvénient provient des eaux de ruissellement lors des arrosages (manuels mais pouvant facilement être automatisés). Une gouttière à la base de la paroi recueillera le trop plein.

ATHYRIUM
sp.

permettre un arrosage sans écoulements. Autant dire que si vous n'êtes pas bricoleur, l'affaire risque de vous prendre du temps !

Attention toutefois, chaque loge ne doit pas être étanche mais laisser drainer l'eau vers la loge du dessous. Le mieux sera de percer deux ou trois trous à la base de chaque loge, d'un diamètre de 5 mm environ. Le rang du bas devra être garni, dans sa partie basse, d'une gouttière permettant de collecter l'excédent d'arrosage.

## Réalisation

Nous vous conseillons de travailler avec la plaque de PVC, totalement imputrescible. Assemblez l'étagère avec une colle chimique très résistante, que l'on applique en cartouche, à la « mitrailleuse » (en fait les pistolets à main). Vérifiez bien l'étanchéité des loges de la périphérie : elles ne doivent pas laisser s'écouler d'eau vers l'extérieur. Au besoin, comblez les petits jours avec un joint au silicone ou un supplément de colle. Les loges situées vers le centre en revanche peuvent fuir les unes vers les autres : l'eau ne fera que drainer de façon plus marquée sur le fond, mais du bon côté.

L'arrosage automatique consiste à faire passer, sur la face arrière de l'étagère, un tuyau-mère (de 16 mm de diamètre), comme s'il suivait la ligne du milieu. Ce tuyau doit partir d'une réserve d'eau (située au pied de l'étagère ou déportée plus loin pour des raisons esthétiques et aller jusqu'en haut du mur. L'extrémité supérieure sera munie d'un bouchon (dont l'étanchéité sera minutieusement vérifiée !). De ce tuyau devront partir des tuyaux de plus petite section (voir page 55 pour une illustration du branchement à effectuer). Chacun de ces petits tuyaux ira alimenter, par l'arrière, une loge. Comme ces petits tuyaux passent à travers la paroi par un petit trou (effectué à la perceuse), il faudra bien colmater les possibilités de fuite. Quant à la gouttière de récupération, elle ira se déverser dans le bac de réserve. La pose d'un arrosage automatique sur un tel mur n'est pas compliquée mais exige de vérifier l'étanchéité à tout moment. Une fois fixée au mur et mise en marche, l'installation ne sera plus guère visible : elle doit être impeccable avant.

Une fois la structure construite et testée, la **plantation** est très simple : remplissez les loges de terreau en gardant un niveau bien horizontal et installez-y les plantes, à 45° environ. Arrosez petit à petit, afin que la terre se tasse autour des racines.

La conduite de ce type de mur ne pose pas de problème particulier, surtout si vous avez opté pour un arrosage automatique. Dans le cas contraire, surveillez bien l'arrosage de chaque loge. Ce système a pour défaut de limiter la transmission de l'eau d'une loge à l'autre. Avec le temps, si on n'y prend pas garde, on pourra se retrouver avec un compartiment toujours sec (l'eau glissant sur les feuilles vers la loge du dessous par ex.) et celle d'à côté transformée en vrai aquarium ! Il sera prudent d'arroser le mur tous les jours, avec un petit arrosoir d'intérieur, muni d'un long bec. Ce modèle est parfait pour se frayer un chemin à travers les tiges !

Le seul souci que ce type de végétalisation peut poser survient lorsque les plantes sont à l'étroit. Limitées par la taille des loges, elles devront être rempotées. Or la forme de chaque compartiment (un parallélépipède non rectangle pour les amateurs de géométrie) rend difficile l'extraction de la motte sans briser les racines. Il est plus probable que vous soyez amené à **remplacer une plante plutôt qu'à**

Un mur de pots accrochés à la paroi. Une solution basique mais facile à mettre en œuvre, à condition de bien penser l'arrosage (voir aussi page 102).

**la rempoter**, car de toute façon vous n'auriez pas de loge plus grande à lui offrir. Privilégiez donc des plantes qui ne grossissent pas trop plutôt que des végétaux à grand développement. Notez aussi que vous pouvez repousser l'échéance du remplacement en surfaçant la plante, c'est-à-dire en enlevant le terreau à la surface et en le remplaçant par un substrat frais. Une opération salissante, à effectuer au-dessus d'une bâche !

## Les solutions modulaires

Dans cette catégorie se rangent les modèles préfabriqués proposés par différents constructeurs, qui peuvent utiliser l'hydroponie ou bien des substrats traditionnels (terreau).

Les premiers, encore assez peu au point, permettent de végétaliser une structure à l'aide de pièces à accoler les unes aux autres. Mais il y aura autant de systèmes de pompage/récupération que de modules, ce qui démultiplie la complexité d'installation et induit des dépenses qui auraient pu être évitées si l'on concevait un seul mur muni d'un seul système d'alimentation. D'autres évitent cet écueil en proposant un meuble prêt à planter et fonctionnant sans bricolage. La partie basse cache la petite machinerie, comme les meubles-aquariums. Le hic, c'est justement l'esthétique de ce meuble, pour lequel vous n'avez guère le choix. Les techniques, c'est certain, vont se perfectionner ; mais il faudra encore un peu de temps avant d'arriver à des modules simples à mettre en œuvre et aménageables à son goût.

Le second type de module se résume à une sorte de panneau plus ou moins souple composé de logettes permettant de glisser une plante dans chacune. Par rapport au système hydroponique, cette technique a ses avantages, détaillés plus haut, qui tiennent notamment à sa facilité de pose. Il faudra néanmoins arroser une telle composition, avec force engrais, et l'éclairer. Sur le plan visuel, à condition que les loges se situent à touche-touche, il est tout à fait possible d'arriver au même résultat qu'un panneau en hydroponie. À condition de choisir des espèces vagabondes, les plantes vont s'enraciner dans les loges voisines et finir par recouvrir toute la terre disponible. Certains modèles ont l'inconvénient d'être très visible, la plante semblant flotter sur une surface de PVC. Il est toujours possible de peindre celle-ci, mais l'effet ne sera peut-être pas celui que vous attendiez. Tous ces modules sont bon marché, et si vous avez la possibilité de consacrer du temps chaque jour à votre composition, c'est une excellente alternative. Certains modèles incluent même un arrosage automatique, à l'aide d'une petite pompe irriguant chacune des loges.

**À SAVOIR**

**TOUT SIMPLE : UN MUR DE POTS**

La version la plus simple du mur végétal consiste à accrocher une bonne densité de pots à la paroi, en choisissant des modèles adaptés. Les pots qui se destinent aux murs extérieurs peuvent s'utiliser en intérieur sans problème. Pensez en revanche à l'arrosage (risque important d'écoulements en tous sens) et à la lumière.

Le Tableau Végétal, proposé par la société Ailanthus, est une sorte de casier à plantes facile à installer. Son rapport qualité-prix est imbattable. Il vous faudra peindre le support si le blanc vous paraît trop voyant, garnissez-le de plantes au port très ramifié : figuiers nains, *Scindapsus*, lierres, marantas, etc.

# DE L'ART D'ARRANGER LES PLANTATIONS

Ce n'est pas tout de ficher de-ci de-là des plantes ! Un jardin vertical ne se résume pas à une plantation ordonnée de végétaux mais bien à la création d'une ambiance. Ce qui implique de réfléchir à la disposition des plants, sans céder à la tentation de la simplicité, en alternant les variétés de façon géométrique ; car vous risquez de vous retrouver avec un massif digne d'un parterre public !

## Comme un tableau

Les possibilités d'agencer les végétaux ne manquent pas. N'hésitez pas à penser vos plantations comme si vous aviez à composer un tableau. Vous pourrez donner libre cours à votre création. Choisissez quelques variétés dominantes (des plantes très colorées ou d'une texture particulière) et prévoyez d'isoler ces groupes avec des plantes plus uniformes. Elles feront le liant, un peu à la façon d'un « fond » de tableau.

Vous pouvez aussi opter pour des plantations de masse, par exemple en ne plantant que deux ou trois variétés sur le mur, en zones homogènes et bien délimitées, en bandes ou en zones concentriques par exemple.

Vous pouvez aussi dessiner un motif, comme une bordure, des lignes, une figure à reproduire, etc. avec des végétaux à cultiver sur une paroi. Mais ce type d'agencement dure assez peu car il finit par s'estomper ; ce qui peut avoir son charme ! Évaluez au préalable l'effet de lassitude qu'il pourrait créer à la longue, et son adéquation avec l'environnement (contemporain ou traditionnel). Vous ne pourrez pas le changer facilement. Et vous risquez de vous retrouver avec un tableau de mosaïculture, qui n'est pas forcément au goût de tous.

La conception d'une paroi végétale comme un tableau implique d'envisager de ne pas planter beaucoup de variétés, c'est-à-dire cinq au plus. Au-delà, vous devrez concevoir des détails plus fins, qui n'auront pas de tenue dans le temps (les plantes disparaissent, se font concurrence, etc.).

**À SAVOIR**

**PENSEZ À BIEN ÉTAGER LA VÉGÉTATION**

L'implantation des végétaux doit aussi se faire en fonction du développement final de chaque variété. Par exemple, de grandes fougères placées en partie supérieure disposeront certes d'un bel espace, mais auront tendance à recouvrir les plantes situées en dessous et ainsi créer une sorte de « bande morte ». Mieux vaudra placer celles-ci en partie basse et réserver la partie haute à une végétation plus modeste.
Ce conseil doit être modulé en fonction des paramètres inhérents aux besoins des plantes, en particulier la lumière et le taux d'imprégnation du substrat.

Dans cette composition créée par Patrick Blanc pour le magasin BHV de Paris, des feuillages grisé d'armoise (entre autres) ont été associés à des verts plus mats. Les premiers sont adaptés à la pleine lumière (celle que le mur reçoit en partie haute), alors que le bas est plus sombre. C'est le royaume des acanthes, des heuchères et autres couvre-sols de sous-bois. La disposition en « virgules accolées » est caractéristique du travail de l'artiste-botaniste.

A

B

Deux façons d'associer les végétaux : en opposant des taches aux contours bien définis (en haut) ou bien en utilisant une variété dominante comme lien entre les différentes composantes. Toutes les variantes sont bien sûr possibles, en théorie du moins.

## Pour un effet naturel

L'effet le plus naturel sera obtenu en créant des taches, c'est-à-dire des groupes uniformes pas trop importants de 4 à 6 plantes formant une sorte de patchwork, à ceci près que les taches ne doivent pas être opposées mais entrelacées. Il faut donc trouver une façon de disposer les plantes qui les conjugue sans trop les mêler. Il y existe de nombreuses façons de répondre à ce souci. Vous pouvez par exemple imaginer chaque variété comme l'égal d'une pierre dans un petit mur : les pierres s'ajustent plus ou moins bien. Les plantations suivant ce schéma (A) formeront un ensemble en forme de mosaïque harmonieuse. Mais il est aussi possible de déterminer l'emplacement de « spots » aux contours plus réguliers (B) et d'utiliser une plante qui fera le lien entre elles (elle devra être plutôt basse et tapissante). Les variantes sont infinies.

Bien entendu, si vous êtes du genre collectionneur, cette contrainte ne vous concerne pas. Vous aurez plutôt à cœur de favoriser la diversité végétale au sein de votre mur en fonction de vos groupes d'intérêt (orchidées, fougères ou certains groupes spécialisés comme les *Tillandsia* ou les *Saintpaulia*).

Dans cette création à la fois sobre et exubérante, le fond est constitué par le figuier rampant panaché. Un *Nephrolepis* (fougère en haut à gauche) et des Aracées grimpantes (en haut à droite) aident à déborder du cadre, pour créer un effet de surplomb. Des hoyas très retombants miment l'effet de l'eau retombant le long de la paroi, tandis que quelques plantes au feuillage varié (*Maranta*) augmentent l'effet de foisonnement (création Les Jardins de Gally).

# VÉGÉTALISER UN MUR **EN EXTÉRIEUR**

Dans ce chapitre, les techniques de végétalisation ne sont pas détaillées puisqu'elles sont rigoureusement identiques à celles utilisées en intérieur. Il conviendra donc de se reporter au chapitre précédent pour choisir la technique qui vous convient et suivre les indications de montage.

Nous nous bornerons ici à détailler les spécificités d'une végétalisation en extérieur, qui subit des contraintes bien particulières, notamment en matière de lumière et d'intempéries. Car c'est là que se trouve la problématique des parois végétales d'extérieur : faire face aux intempéries. Le vent, le froid, les épisodes caniculaires doivent être méticuleusement gérés sous peine de voir la culture dépérir. La raison tient à ce qu'une paroi végétale est très exposée aux écarts de températures.

# LA BONNE EXPOSITION

Lorsqu'une paroi végétale est réalisée à l'extérieur, il est probable qu'elle recevra trop de soleil ou pas assez. Contrairement aux murs intérieurs, ce n'est pas tant le défaut de lumière que l'excès qui pose problème.

## Une paroi très exposée au soleil

Elle va beaucoup évaporer (par l'action du soleil et par un métabolisme plus actif). Si la situation peut être brûlante (par exemple, dans le sud ou si des façades de verre réfléchissantes se trouvent à proximité), la conduite du mur sera délicate. Il faudra éviter le flétrissement des végétaux (qui peut intervenir rapidement un jour de mistral). Deux leviers sont à privilégier : une **irrigation plus importante** (ce qui exige une régulation de tous les instants lorsqu'elle devient excédentaire) et **un choix végétal plus restreint**, afin d'inclure des plantes résistantes à de courtes sécheresses. Même avec de telles contraintes, les possibilités sont larges. Si vous avez la possibilité de moduler les temps d'arrosage en fonction du temps qu'il va faire en journée, vous ne devriez rencontrer aucun problème particulier.

La façade de verre et la bonne exposition (plein sud) de cette composition, qui surplombe le visiteur de la Fondation Cartier ont permis à Patrick Blanc d'installer des végétaux épris de chaleur et de lumière, à l'instar du figuier au premier plan. L'irrigation doit être soutenue pour leur permettre de tenir dans pareille situation.

En revanche, de plus longues absences peuvent entraîner des **déséquilibres** (sous-irrigation des plantes ou au contraire surirrigation à cause d'un réglage excessif). Le risque en outre est d'imbiber le support de trop de sels : seule l'eau s'évapore, les sels nutritifs se concentrant dans la trame de culture, au point de brûler les racines. Une surirrigation doit donc être couplée à une moindre fertilisation. Par exemple, on veillera à maintenir une EC au plus égale à 1. On notera cependant que ce type de problématique se pose surtout dans les premiers temps de fonctionnement de la composition. En effet, lorsque la végétation s'est bien développée, au point de couvrir le support, elle forme une couche qui limite l'évaporation (mais sans la faire disparaître).

La pose d'une **ombrière** (comme un store roulant) est bien sûr envisageable dans les solutions cuisantes. Mais elle n'est ni pratique, ni esthétique. À moins d'imaginer une sorte de pergola placée au niveau supérieur du mur et devant recevoir des lianes, pour former un « parasol végétal ». Une technique qui sort du cadre de ce livre, mais que vous pourrez mettre en place à partir d'une structure préfabriquée pour plantes grimpantes.

## Une paroi manquant de soleil

Elle posera beaucoup moins de problème. C'est la raison pour laquelle, lorsqu'on aura le choix, il vaudra mieux installer une paroi végétale à l'ombre plutôt qu'en plein soleil. Il suffit d'adapter le choix variétal aux conditions, ce qui est facile étant donné l'incroyable diversité botanique que l'on peut installer sur une paroi en hydroponique. La deuxième partie du chapitre « Les meilleures plantes », page 162, vous propose une sélection de plantes qui prospéreront dans de telles conditions. Il n'est guère conseillé d'envisager un apport de lumière artificielle, plus délicat à mettre en œuvre qu'en intérieur. Si cette option se révélait indispensable, les recommandations de la page 49 devront être mises en œuvre.

Notez que si une exposition ombragée est préférable, le choix d'une **paroi non ventée** est primordial. Mieux vaut une situation ensoleillée mais calme qu'une paroi ombragée mais exposée aux vents !

*Iris japonica* et *Helxine*, un tandem d'ombre.

# S'ADAPTER AUX TEMPÉRATURES EXTÉRIEURES

## Lutter contre le gel

La principale différence entre une paroi extérieure et intérieure, c'est bien sûr sa vulnérabilité au gel dans le premier cas. Lorsqu'une plante en pleine terre est exposée au gel, ses racines souffrent peu (une forte gelée congèle quelques centimètres de sol mais pas la totalité des racines d'une plante). Les organes aériens sont dotés de mécanismes de résistance et si la plante est rustique, cet épisode sera sans conséquence. **En hydroponie, le souci provient de ce que les racines ne sont pas résistantes au froid.** Il y a des bourgeons à l'extrémité des branches, mais pas des racines. Une plante gelant en totalité peut mourir rapidement. Le cas est connu chez des plantes parfaitement rustiques en pleine terre, l'exemple le plus connu étant le *Pyracantha*. L'arbuste dépérit vers -12 °C si toutes ses racines sont exposées au gel, alors qu'en pleine terre, il ne craint pas -20 °C.

### Poser des câbles chauffants

Il est possible de se prémunir du gel en fixant au dos des panneaux porteurs des câbles chauffants. Pour moins cher, on pourra aussi choisir des guirlandes d'extérieur de modèle ancien (sans diodes lumineuses), qui chauffent autant. Ainsi les plantes bénéficieraient d'une chaleur de fond durant les épisodes gélifs, évitant que leurs racines ne gèlent.

Le mode opératoire est délicat et s'adresse aux personnes expérimentées. Le câble doit être fixé avec une colle thermorésistante au dos du panneau, la surface ainsi couverte devant l'être de la façon la plus homogène possible. Les fils ne doivent pas se superposer ni se toucher (car localement la chaleur serait trop forte). Au total, il faut installer une puissance de chauffe d'environ 10 W par $m^2$, à moduler à la hausse ou à la baisse selon le climat local. Mais l'équipement électrique deviendrait inaccessible, puisque caché derrière les panneaux. De plus, cette solution anti-écologique s'adapte difficilement aux méthodes n'utilisant pas de panneau, comme les parois « sandwich » (voir page 69). Le surcoût de cette option et des consommations qu'elle engendre sont importants.

### Moduler la cadence d'alimentation de l'irrigation

L'alternative consiste à moduler la cadence d'alimentation de l'irrigation lorsque la température menace de faire geler le support. Il ne sera pas pris par les glaces avant que les températures ne descendent en dessous de -2 °C : le support chargé en sels minéraux a un point de congélation plus bas que l'eau pure. On peut intervenir de deux façons :

- **en augmentant le débit** : l'eau circulant a un point de congélation encore plus bas. Cette méthode se met en place en rallongeant les programmes d'irrigation ou en les densifiant, par exemple en intercalant des temps d'irrigation entre ceux déjà programmés. En élevant le niveau d'irrigation, on peut gagner quelques degrés mais guère plus.

- **en stoppant l'irrigation** : en dessous d'un certain seuil (vers -3/-4 °C environ), l'irrigation doit être interrompue car, le mouvement de l'eau ne pouvant empêcher sa congélation, les tuyaux risquent de geler et donc de se fendre. L'arrêt de l'irrigation doit impérativement s'accompagner d'une purge du circuit. En général, lorsqu'on arrête la pompe, le liquide redescend. Mais ce n'est pas le cas si on a installé un clapet anti-retour sur le tuyau principal. Il faudra alors le débrider. L'irrigation ne pourra reprendre que lorsque les températures seront redevenues positives, et pas avant.

Les plantes, évaporant peu lorsqu'elles sont gelées, ne risquent pas trop d'en souffrir. Mais leurs racines vont s'abîmer et il y aura forcément des dégâts en cas de gel prolongé. Un risque somme toute limité si la paroi végétalisée est adossée à un mur. En ville, les températures sont souvent supérieures de plusieurs degrés. Dans le centre de Paris par exemple, on note jusqu'à 7 °C de plus qu'en zone exposée en grande banlieue.

**À SAVOIR**

**UN ANTIGEL ?**
On ne peut pas envisager d'utiliser un vrai liquide antigel. Celui que l'on met dans les lave-vitre (le PEG ou polyéthylène glycol) peut être **toxique** pour les plantes. D'autres antigels seraient envisageables (comme du sucre ou du sirop, sans effet sur la nutrition des plantes) mais ils risqueraient d'encrasser les tuyaux. Une solution à envisager en cas de gel très exceptionnel est d'ajouter à la solution nutritive un **sirop**, pour obtenir une concentration finale de 1 kg de sucre pour 100 l de solution. Il sera prudent de faire des tests au préalable, en vérifiant notamment le point de congélation de la solution.

## Lutter contre la chaleur

**Les températures estivales** constituent un autre problème, moins critique que le froid. Lorsqu'il fait très chaud en été, les plantes évaporent à leur maximum. Pour compenser, elles absorbent plus d'eau. Mais parfois l'évaporation est supérieure à leurs capacités d'absorption et elles flétrissent. Sur une paroi constituée de nappe horticole, lors de ces épisodes caniculaires, il faudra **régler l'irrigation quasiment à son maximum**. La solution est simple mais pas tant qu'il y paraît ; car une plus grande irrigation devra aller de concert avec une

La gelée ou le givre sur les parties aériennes sont sans conséquence sur les plantes rustiques. Il en va autrement lorsque ce sont les racines qui gèlent.

moindre fertilisation, pour éviter que les sels ne se concentrent dans la nappe. Prévoyez alors de respecter une conductivité comprise entre 1 et 1,5. Évitez également tout conflit avec les autorités si une restriction d'eau est imposée dans votre secteur. En zone sèche, il sera utile de prévoir une réserve d'eau de pluie conséquente (4 à 5 m$^3$ au moins) pour pouvoir arroser même pendant les interdictions d'eau du secteur. Car c'est là l'un des points faibles des murs végétaux d'extérieurs : ils sont extraordinairement **consommateurs d'eau**. Même s'ils comportent un recyclage de la solution nutritive, ils évaporent beaucoup, plusieurs litres d'eau par m$^2$. L'exposition au vent joue beaucoup (voir page 96).

Par ailleurs, qui dit épisode caniculaire dit soleil violent et donc éventuellement des brûlures sur le feuillage. Lors d'épisodes exceptionnels (comme celui de 2003), elles sont inévitables. Mais dans les lieux où elles sont plus régulières, il faudra d'office écarter de la sélection les plantes les plus sensibles et renforcer la composition en espèces très résistantes.

# LE VENT

Les courants d'air constituent le troisième facteur dont il faut se préoccuper dans le cas d'une paroi végétale d'extérieur si le mur est situé à l'ombre. Les plantes de milieu peu ensoleillé se distinguent par leur feuillage fin et étalé. Des courants d'air fréquents ont tôt fait de griller de si fragiles feuillages et de réduire l'attractivité de la composition.

Une des solutions consistera à sélectionner, pour les marges de la composition, des plantes hautes et à feuillage coriace : fatsia, buddleia, mahonias, etc. Elles agiront alors un peu comme une haie, si elles sont assez hautes. Par « hauteur », il faut entendre ici non pas la longueur des tiges mais l'importance du débord de la végétation par rapport à la verticale. Plus elle sera saillante, meilleur sera l'effet de haie. L'intérêt d'une telle marge est cependant limité lorsque la composition est très large (plus de 5 m) car l'effet de brise-vent s'atténue vers le centre. Il faudra soit dès le départ y installer des plantes résistantes, soit prévoir d'autres amas végétaux qui relaieront la « haie » du bord. Une installation qui demande de bien concevoir les plantations.

Il sera aussi possible de garnir la composition d'un cadre solide en panneaux si elle est balayée par des vents latéraux. Pour un meilleur rendu, prévoyez un encadrement assez large, proportionné aux dimensions de la composition.

La paroi de droite offrira en son centre, des conditions plus favorables que sur ses bords si ceux-ci sont constitués de végétaux s'écartant du support. À privilégier en situation ventée.

# AUTRES FACTEURS SPÉCIFIQUES

La végétalisation de murs extérieurs répond à quelques autres facteurs, pas forcément problématiques, mais qu'il faut prendre en compte avant de se lancer dans les travaux.

Tout d'abord, **l'évacuation des eaux de ruissellement** est généralement plus facile qu'en intérieur, car il est souvent possible d'imaginer une collecte en bas de la composition. Il suffit d'installer un collecteur d'eau avec une grille comme on en pose dans les descentes de garage. Vous pourrez alors alimenter votre composition par le biais d'un système à solution perdue et non une réserve. Vous vous dispenserez alors de l'encombrement d'une citerne volumineuse puisque vous n'aurez besoin que d'une pompe microdoseuse et d'une petite citerne faisant tampon (voir page 48). L'avantage certain tient à ce que vous pourrez aussi végétaliser jusqu'au sol et non pas jusqu'à la limite supérieure de la citerne. Le système consomme aussi plus d'eau, surtout l'été et les jours de vent.

Par ailleurs, une composition végétale en extérieur disposera souvent de plus d'espace qu'en intérieur, et le projet reposera donc sans doute sur une installation de plus grandes dimensions. Dans le principe, les techniques et les prescriptions exposées dans le deuxième chapitre demeurent inchangées. Mais un grand mur végétal exige un **budget important**. Les quantités de fournitures peuvent vite devenir conséquentes : plus de tuyaux, de nappe, de structure de support, une pompe plus puissante, etc. Cet aspect est nuancé par le fait que les plantes d'extérieur coûtent en général beaucoup moins cher que les plantes d'intérieur et qu'il n'y a pas besoin d'éclairage. Au final, 1 m² en extérieur revient un peu moins cher que 1 m² en intérieur, sauf si on équipe la composition extérieure d'un système de chauffage (ce qui est déconseillé). Voir aussi page 41 pour un exemple de budget.

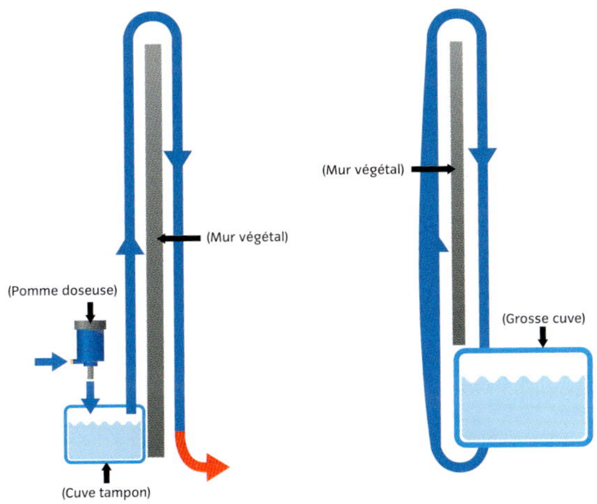


Le système à eau perdue (à gauche) permet une végétalisation jusqu'au sol, contrairement au système à cuve de récupération (à droite). Mais le premier implique un gâchis d'eau assez conséquent en été. Dans les régions méridionales soumises au mistral estival, le système à cuve doit être envisagé.

# CONCEVOIR LE PROJET

La conception de l'installation devrait s'opérer comme pour un mur intérieur, en commençant par bien dimensionner la composition, prévoir les circulations d'eau, etc. Mais selon son implantation, il sera peut-être nécessaire de déposer auprès de la mairie une demande d'autorisation de travaux, dans le cas où la réalisation modifie la façade du bâtiment, du moins ce qui en est visible depuis la rue. Au même titre qu'un ravalement de façade, la végétalisation d'un mur en modifie l'aspect extérieur (sauf à remplacer une plante grimpante par une paroi végétale). Nous ne saurons que trop vous conseiller de limiter cette démarche aux cas vraiment indispensables car il n'est pas sûr que la compréhension des services chargés de l'urbanisme soit au rendez-vous. Comme toujours, ce qui est nouveau ou inhabituel inspire la méfiance (sinon l'hostilité) de la part des autorités administratives.

Plus souvent, vous serez obligé de demander l'accord du propriétaire du mur s'il ne vous appartient pas, comme dans les parties communes d'une copropriété ou dans les cas d'un mur non mitoyen (ce qui est très rare). Si le projet est installé dans une copropriété, il sera donc indispensable d'obtenir l'autorisation du conseil avant d'entamer les travaux… et de bien se mettre d'accord sur un point crucial : à qui reviendra-t-il d'entretenir le mur ?

Une fois ces étapes administratives franchies, il est alors possible de passer à la phase matérielle : dressez la liste de course, etc.

À SAVOIR

**QUELQUES CONSEILS POUR RÉALISER UN MUR EN COPROPRIÉTÉ**

Si vous souhaitez convaincre votre copropriété de se lancer (ou d'adhérer) à un projet de végétalisation de paroi dans les parties communes, prenez le temps de bien travailler le sujet pour ne pas susciter l'incompréhension chez vos interlocuteurs. L'installation d'une structure végétale ne pose pas vraiment de problème technique et aucun souci sanitaire si l'affaire est correctement réalisée. En extérieur, il n'y a pas de gêne à craindre. Les vraies questions que pose ce type d'installation sont simples : **qui et combien ?** Lorsqu'on la réalise soi-même, la réalisation de la composition a un coût raisonnable, souvent comparable à de petits travaux d'entretien courant (comptez environ 500 € du m$^2$, bien que l'on puisse opérer à moindre coût). Mais si l'affaire est confiée à une entreprise, le budget sera différent et la réception du devis risque d'ébranler quelque conviction… car il faut bien payer la main-d'œuvre.

D'autre part, **la longévité d'une paroi végétale dépasse les 10 ans** et n'a en fait comme limite que la durée de vie des végétaux qui y sont implantés. Durant ce temps, il faudra bien quelqu'un pour surveiller l'engrais, réguler la végétation, etc. Nous déconseillons de tout laisser reposer sur la bonne volonté d'un membre de la copropriété car, une fois qu'il sera parti, le mur sera laissé à lui-même.

Vous l'aurez saisi, dans le cas d'une réalisation par une copropriété, **nous suggérons de passer par une entreprise, qui pourra garantir le résultat et l'entretien** (au moins durant les premiers temps, jusqu'à ce qu'une personne puisse en assurer la maintenance). Cela coûtera plus cher, mais évitera sans doute les malentendus et des situations délicates… Voir notre carnet d'adresses.

Dans cet univers un peu austère, les coulées de verdure s'échappant des blocs de roche (reconstituées) ont valeur d'insolite. Ce genre de détail n'est pas aussi facile à installer qu'il paraît lorsque l'endroit est très lumineux. On note les traces de ruissellement de la solution nutritive, traduisant un certain débit pour permettre à cette végétation de se maintenir (création P. Blanc).

# TECHNIQUES ALTERNATIVES

Les contraintes de réalisation étant théoriquement moins importantes sur un mur extérieur que sur un mur intérieur, il est possible de modifier les techniques proposées dans les pages 32 à 83. Vous pourrez envisager une composition basée sur une installation plus « rustique », pas forcément basée sur l'hydroponie. Surtout, vous pourrez plus facilement réaliser une paroi végétalisée sur les deux côtés (comme une sorte de paravent végétal).

## Les parois « sandwich »

Elles sont constituées par un milieu de culture plus ou moins inerte enchâssé dans une trame destinée à le retenir. Le milieu peut être composé de copeaux de coco, de tourbe, de laine de roche horticole (type « Cutilène »), de pouzzolane broyée, de perlite, de vermiculite, etc. Pour dresser ce substrat en un support uniforme, employez un petit grillage fin qui se découpe facilement (pour y passer la motte des plantes), comme la maille plastique utilisée pour couper le vent ou bien un petit grillage d'élevage (choisir un modèle qui ne rouille pas). Cette maille n'est pas indispensable dans le cas de la laine de roche horticole si elle est fixée en panneaux. Comme la structure n'est pas autoportante, la trame devra être rigidifiée par une structure supplémentaire pour éviter que le substrat ne se tasse. Il s'agira de grillage rigide, à choisir dans sa version plastifiée.

Ce sandwich étant compliqué à réaliser, il faudra le composer à plat, en commençant par fixer de la maille plastique à un grillage rigide, que l'on recouvrira ensuite d'une bonne épaisseur de substrat (environ 10 cm). Appliquez ensuite par-dessus une autre couche de maille plastique et enfin un deuxième grillage rigide. Liez les 4 couches de grillage et de maille entre elles, fermement. Le mur artificiel ainsi créé est prêt à être relevé. Il faudra encore le caler au sol (par exemple, en le fichant sur des tiges de fer scellées dans le sol), puis poser le système d'irrigation : un simple tuyau parcourant le haut du mur, muni de nombreux goutteurs (un tous les 20 cm), à gros débit.

Les minimottes, un conditionnement indispensable pour végétaliser efficacement une paroi « sandwich ».

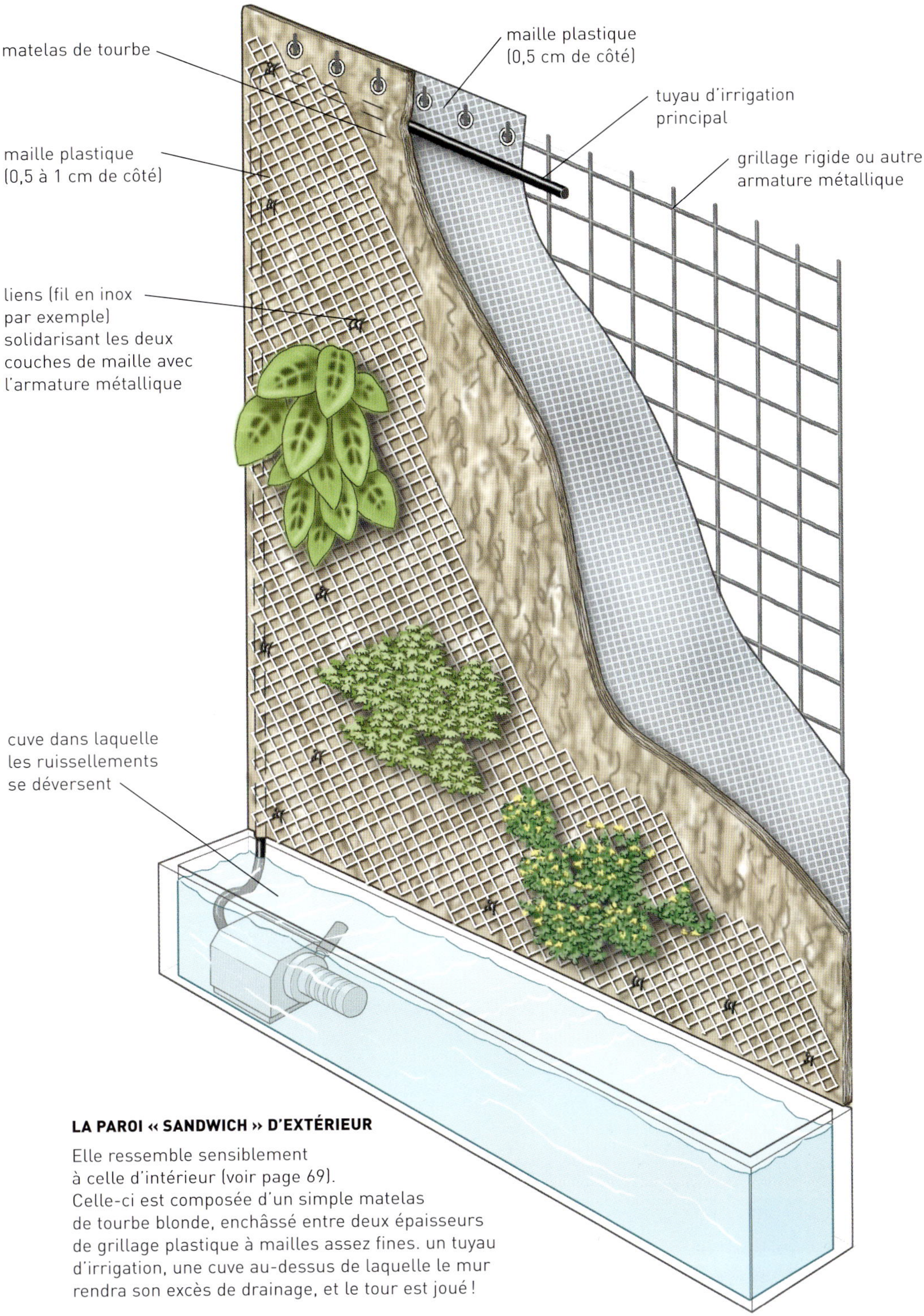


**LA PAROI « SANDWICH » D'EXTÉRIEUR**

Elle ressemble sensiblement à celle d'intérieur (voir page 69). Celle-ci est composée d'un simple matelas de tourbe blonde, enchâssé entre deux épaisseurs de grillage plastique à mailles assez fines. un tuyau d'irrigation, une cuve au-dessus de laquelle le mur rendra son excès de drainage, et le tour est joué !

La plantation s'opère délicatement et uniquement avec des petites plantes à racines nues, puisqu'il faut les passer au travers des mailles du grillage rigide puis des incisions faites dans la maille plastique (s'il y en a une). Le substrat doit être irrigué au préalable (voir page 72), la plantation n'intervenant qu'en dernier. Si le support est peu accessible, il est vivement conseillé d'employer des plants en micro-mottes, car on peut plus facilement les glisser entre des mailles étroites (voir page 72 pour les avantages de cette technique).

Ce système n'est pas forcément avantageux pour l'amateur, puisqu'il est assez délicat à monter. En particulier, si le mur est haut (plus de 2 m), il sera peut-être nécessaire de placer des renforts à mi-hauteur dans l'épaisseur afin de limiter au maximum le tassement du substrat. Le support est en revanche colonisable plus facilement par la végétation et en choisissant des plantes connues pour leur aptitude à se ressemer, on pourra masquer assez rapidement la structure sous la végétation (en 3 mois d'été, voire moins).

De plus, la paroi étant plus épaisse que dans la technique de nappe horticole agrafée, elle expose moins les plantes aux froidures hivernales. En revanche, elle subit les mêmes inconvénients face aux grandes chaleurs et au vent. Ce système n'est envisageable que posé au sol, donc avec une solution à eau perdue (voir page 48) et non pas avec une cuve de récupération de la solution.

Nous vous conseillons de vous faire la main sur des modèles réduits (par exemple de 1 $m^2$) avant de passer à des réalisations plus grandes. Notez que vous pouvez aussi construire des « cages » de petite dimension selon le protocole indiqué ci-dessus. Il ne vous restera plus qu'à les empiler (et solidariser) une fois terminée et à mettre en eau la rangée du haut.

## Les murs de pots

Rapidement présentés page 82 et mentionnés ici pour mémoire, les murs de pots ont l'avantage en extérieur d'offrir une solution simple. Il suffit en effet d'accrocher des pots avec une grande densité sur une paroi pour offrir une grande surface de végétalisation. Moyennant une irrigation discrète par l'intermédiaire de petits tubes branchés sur un tuyau principal, le mur végétal ainsi créé ne demandera pas plus de soins qu'une paroi végétalisée *in extenso*.

L'avantage de cette solution tient à son prix très abordable (il suffit d'accrocher des jardinières). En revanche, on ne peut s'attendre à une végétation très luxuriante (le développement des racines est limité au volume du contenant) et les jardinières risquent de rester assez visible (sauf à les camoufler au préalable avec un tissage végétal comme de la toile de jute). Simplicité ne peut pas toujours aller de pair avec performance...

Dans cette composition, des tuiles canal et d'anciens pots à résine permettent de couvrir une petite surface. L'avantage du matériau tient à son intérêt esthétique, grâce à sa patine. Quant aux végétaux, il s'agit de Crassulacées (orpins et sempervivums) parfaitement résistants à la sécheresse.

# UNE PAROI VÉGÉTALE SANS IRRIGATION ?

À condition de choisir minutieusement les végétaux, on peut envisager une végétalisation qui ne fasse pas appel à l'hydroponie. On choisira cette voie lorsque l'approvisionnement ne peut pas être continu ou qu'il sera difficile de faire passer des canalisations (sur un sol refait à neuf, on hésite à ouvrir une tranchée pour faire passer des tuyaux).

On réalisera alors un support qui pourra retenir de la terre végétale, comme par exemple :

- **un mur de pierres** comprenant de nombreux interstices pouvant être remplis de terre ;
- un **« casier végétal »** comme celui que nous avons présenté dans le chapitre précédent ;
- une **retenue de terre** très abrupte, obtenue en solidarisant des casiers verticaux ne laissant passer qu'un mince interstice (voir ci-dessous).

Tous les espaces disponibles seront comblés avec une terre assez argileuse, de façon à ce qu'elle retienne bien l'eau et

Les dalles de retenue de talus peuvent être installées de façon à occuper peu de place au sol et à monter assez haut. Soit elles sont très arrosées pour se patiner (comme c'est le cas ici), soit elles sont pourvues de plantes résistantes à la sécheresse.

Œillet des murailles

Cétérach *(Asplenium ceterach)*

nécessite des arrosages aussi peu fréquents que possible. Il suffit alors de les planter avec une végétation appropriée, c'est-à-dire bien adaptée à la sécheresse et pouvant rendre un effet esthétique intéressant, comme les orpins (*Sedum*), le cétérach (une fougère assez graphique), les joubarbes (*Sempervivum*), la campanule des Carpates, les ficoïdes (*Delosperma*) ou encore de l'œillet des murailles (*Dianthus caryophyllus*).

Ces plantes sont frugales (voir leur description pages 162 et suivantes) et n'ont pas besoin de rempotage. Elles sont donc appelées à rester à demeure. Si le mur est un peu exposé à la pluie, elles n'auront d'ailleurs besoin d'aucun soin. Il suffira de les humecter en été, pour éviter qu'elles ne se mettent en repos.

Ficoïde *(Delosperma)*

# LES RÉGLAGES À EFFECTUER

Les murs végétaux d'extérieur sont pratiquement aussi contraignants que les murs d'intérieur lorsque l'on souhaite voir la végétation se développer au maximum. Mis à part les systèmes employant de la terre classique (murs de terre et murs de pots), tous les autres systèmes exigent une surveillance régulière (qui laisse quand même le loisir de partir en vacances !).

En ce qui concerne le pH et la conductivité (voir page 110), les réglages à envisager sont les mêmes que s'il s'agissait d'un mur intérieur. Les systèmes à eau perdue doivent aussi être contrôlés. C'est dans la cuve tampon que l'on mesure la bonne acidité du pH (idéalement centrée à 6) et la conductivité. Cette dernière, compte tenu de la forte croissance des végétaux, pourra être revue à la hausse lorsque les plantes commenceront à s'installer. Il est possible de monter à la belle saison jusqu'à 2,5 voire 3, en cas de très forte croissance des végétaux. Mais rappelez-vous que lorsqu'il fait très chaud, les plantes poussent moins volontiers et que la nappe, comme elle évapore beaucoup, aura tendance à concentrer les sels. Il faudra alors revoir la conductivité plus bas qu'à la normale (de 1 à 1,5).

L'**irrigation** sera plus conséquente qu'en intérieur. Plus le substrat est poreux et plus il devra rester humide. Les sandwichs de pouzzolane et la laine de roche horticole ne doivent pas sécher car ces matériaux n'ont aucun pouvoir rétenteur et sont très poreux. En revanche, les parois réalisées avec de la sphaigne, de la fibre de coco ou de la tourbe pourront être irriguées moins

**À SAVOIR**

**LA VIE DU MUR**

Lorsque l'ensemble végétalisé se met à l'équilibre, la croissance des plantes peut être très rapide, voire spectaculaire. Ne souffrant d'aucune limite, les végétaux peuvent se développer à leur allure maximale. Le mur acquiert alors une certaine présence dans son environnement et il peut arriver quelques épisodes inattendus, comme l'installation d'une nichée d'oiseaux ou le développement de mousses. Tout ceci n'est que normal et il ne sert à rien de s'en inquiéter. Avec un peu de chance, le bas de la composition attirera même quelques **batraciens**, venus se réfugier dans la fraîcheur humide en bas de mur.

fréquemment (2 à 3 fois par jour par exemple), mais de façon copieuse à chaque fois. La nuit, les plantes ont théoriquement besoin de moins d'eau car les températures sont fraîches et elles évaporent peu. Vous pourrez donc là aussi réduire les irrigations, voire les interrompre, par exemple (en été) de 1 h 30 après le coucher du soleil jusqu'à 1 heure avant son lever. La modulation de l'irrigation permet de réaliser de substantielles économies d'eau, mais elle est très contraignante...

En hiver et les jours de pluie, cette irrigation gagnera à être réduite, quel que soit le substrat servant de support à la culture.

Dans tous les cas, il faut adapter le *timer* à la nature de votre installation et aux conditions auxquelles elle est exposée. C'est pourquoi on ne peut pas mentionner ici de temporisation à titre indicatif, comme nous l'avons fait dans le chapitre consacré aux murs d'intérieur. Entre une paroi végétale installée en Bretagne contre un mur exposé à l'ouest et une autre installée dans l'Hérault au sud, l'évaporation n'a rien de commun ! Si l'on rajoute à cela les différences de substrat (nappe horticole, roche taillée ou paroi sandwich), on se rend bien compte que seuls des tests de mise en eau permettent de déterminer la bonne base d'irrigation du substrat. Ce qui est sûr, c'est qu'il n'a pas besoin d'être détrempé en permanence et que s'il n'est pas humide au toucher juste avant une séquence d'arrosage, c'est qu'il n'est pas suffisamment imbibé.

À SAVOIR

**HÉPATIQUES PAS ANTIPATHIQUES**

Dans les parties exposées à la lumière, le support pourra se couvrir d'hépatique, ces mousses ressemblant à des algues, notamment si le support en question est basé sur de la nappe horticole. Très prolifiques, les hépatiques profitent d'une irrigation **riche en azote** et surtout du support resté nu. Il n'y a pas de moyen de s'en défaire lorsqu'elles sont installées, mais elles ne sont pas vraiment gênantes. Il suffit de replanter à proximité une plante qui leur fera de l'ombre, et elles céderont la place.

# L'ENTRETIEN

Un mur végétal, comme tout jardin, demande un peu d'entretien. Plus de vigilance que de travail en réalité, car il s'agit avant tout de préserver l'équilibre physico-chimique du support sur lequel on fait pousser les plantes, vulnérables aux dérèglements. Une grande surface végétalisée exige bien moins d'entretien qu'une piscine !

Il y a toujours quelque chose
à faire sur un mur végétal,
comme dans tout jardin...

# NOURRIR, SURVEILLER, MESURER

Le principal entretien d'une composition végétale repose sur le suivi régulier et attentif des caractéristiques de la solution nutritive. Le pH est le plus important d'entre tous, les engrais n'évoluant pas de la même façon.

## Le pH

Celui-ci a tendance à se modifier rapidement, en quelques jours à peine. Or il ne faut pas le laisser évoluer à son gré. *A priori*, le passage d'un pH de 6 à 7 peut sembler négligeable. Seulement, l'échelle de pH n'est pas linéaire mais logarithmique, ce qui veut dire que lorsqu'un pH augmente d'une unité, la solution est devenue 10 fois plus alcaline ! De même, un pH passant de 6 à 5 traduit le fait que l'eau est devenue 10 fois plus acide. Et en passant de 6,5 à 4,5, elle est devenue 100 fois plus acide !

Il est donc indispensable de bien suivre le pH, avant d'être confronté à des problèmes. Une solution qui est devenue trop basique (pH de plus de 6-6,5) peut se déséquilibrer. Tout provient du fer et autres éléments minéraux de métaux, dont les plantes ont besoin, sans quoi elles formeraient des chloroses. Pour être assimilables par la plante, ces minéraux doivent être protégés dans des composés servant de boîte, les chélates. Vous verrez ainsi, sur les emballages d'engrais, la mention de « Fer chélaté » ou « Fer-EDTA ». L'EDTA est un agent chélateur, le plus utilisé mais le plus fragile. Au-delà d'un pH de 6, le Fer-EDTA se dégrade. Le fer est alors libéré dans la solution sous forme non assimilable par la plante, et la solution perd ses qualités. Ce problème concerne surtout les systèmes à cuve de récupération, et non les systèmes à pompes microdoseuses.

En général, le pH commence par monter : la solution est un peu trop alcaline, à cause de sa teneur en calcaire. Mais lorsque la croissance des plantes est bien démarrée, la tendance s'inverse et le pH s'effondre, pouvant passer de 5,5 à 4 en quelques jours à peine ! Une surveillance quotidienne est parfois alors indispensable. Cette phase correspond à une croissance maximale des végétaux qui absorbent les ions ammonium (une des formes assimilables de l'azote) de la solution. La disparition de ces ions fait naturellement basculer le pH vers des valeurs acides.

**Deux solutions s'offrent à vous :**

- soit apporter un **correcteur de pH**. C'est le plus pratique. Il s'agit d'un produit à incorporer à la réserve de solution nutritive et qui va en modifier la valeur. Il existe des produits remontant le pH (alcalinisants) ou le diminuant (acidifiants). Il faut rajouter un peu de produit, contrôler la valeur du pH (avec un testeur), puis continuer jusqu'à arriver à la bonne valeur, comprise entre 5,5 et 6,5.
- **modifier le type d'engrais apporté**. C'est le plus efficace. En effet, les engrais à base d'ammoniac ont tendance à diminuer le pH. (« Ammoniac » est un abus de langage, car

À SAVOIR

**ÉTALONNEZ VOS APPAREILS**

Les instruments de mesure électronique doivent être étalonnés, c'est-à-dire qu'ils doivent subir régulièrement (par ex. tous les six mois) un **réglage** afin de donner une mesure exacte. Pour cela, il faut plonger l'électrode dans une solution de référence, dont le pH ou la conductivité (selon le cas) est connu avec précision. Suivez la notice de l'appareil afin de le régler et jetez la solution de référence après ouverture. Elle perd ses qualités après quelques jours et elle n'est alors plus fiable du tout.

Si vous n'avez pas de solution d'étalonnage sous la main et que vous avez un doute sur la fiabilité de votre appareil, voici une astuce qui pourra vous dépanner. Prenez de l'eau minérale dont l'étiquette indique la minéralisation totale (ou le résidu à sec) et le pH. Ces facteurs varient d'un lot à l'autre mais dans un éventail assez réduit. Calez votre appareil sur ces valeurs, mais n'oubliez pas d'acheter une « vraie » solution d'étalonnage.

Pour s'y retrouver en matière de conductivité sur les emballages d'eau minérale, employez cette formule simple :

Conductivité (en $\mu S/cm^2$)
= résidu à sec (en mg/l ou en ppm) x 0,65

il s'agit en fait de l'ammonium $NH_4^+$.) Les engrais à base de nitrates influent moins sur le pH, plutôt à la hausse. Il faut s'intéresser à la composition de l'engrais que vous employez pour déterminer quelles formes d'azote il contient (nitrates ou ammonium). En général, l'étiquetage des engrais solubles donne la part de chacun.

Notez que le surdimensionnement de la réserve de solution nutritive prend ici tout son sens. Plus le volume sera important, et plus le pH mettra du temps à se modifier. Cela permet d'espacer le suivi, par exemple à un ou deux contrôles par semaine.

## Dosage des engrais

C'est l'apport d'engrais qui rend la solution propice à la croissance des plantes. On suit donc la teneur de la solution grâce à un conductimètre, qui indique la quantité d'éléments dissous dans l'eau. Plus elle est importante et plus la solution est riche. On conseille une conductivité de 1,5 mS/cm$^2$, valeur qui peut raisonnablement osciller entre 1 (solution pauvre) et 2,5 (solution très riche). Notez à ce propos que les orchidées, contrairement à ce qu'en reflètent les engrais « spécial orchidées » du commerce, apprécient une fertilisation soutenue en période de croissance. Il ne faudra donc pas hésiter à les nourrir, sans surdosage bien sûr. Concernant les autres types de plantes, on pourra pousser la conductivité jusqu'à 3 lorsque la saison est favorable (en été) et que les plantes croissent à leur maximum, surtout en extérieur. Une croissance forcée va entraîner une évolution plus rapide de la composition (disparition de certaines plantes au profit d'autres). Lorsque la conductivité diminue, il est donc indispensable de rajouter des engrais.

Mais attention ! Le suivi de ce paramètre (la conductivité) cache un piège redoutable, celui des carences nutritives. La conductivité ne dit rien des différents composants chimiques présents dans la solution, elle n'en fait que le total. Or les plantes ont besoin d'une grande variété d'éléments minéraux pour bien se développer. Il faut utiliser un engrais très complet avec oligo-éléments, de préférence adapté à l'hydroponie. Sans cela, il est possible que le mur végétal comporte des carences, même si la conductivité est élevée. Tout se passe comme pour notre alimentation : il ne suffit pas de surveiller les apports caloriques, encore faut-il que les aliments soient variés. 30 litres de bière par jour sont assez caloriques mais on comprend bien qu'on ne pourrait y survivre. Pour les plantes, c'est pareil !

Comme on ne dispose pas de l'appareillage nécessaire au suivi de chaque élément minéral (c'est une technique extraordinairement coûteuse), on devra procéder à l'aveugle, avec des engrais aussi complets que possible. Il faudra donc, de temps à autre, vidanger la réserve de solution nutritive et la remplacer par une solution fraîchement constituée ; c'est la seule façon pour éviter les carences.

**À SAVOIR**

**LE PIÈGE DU CALCIUM**

C'est un problème que vous pourrez rencontrer si l'eau de départ est très pure. En effet, le calcium est présent dans l'eau sous forme de calcaire. Les plantes ont besoin de cet élément mais en quantités assez limitées. Or pour des raisons techniques (incompatibilité entre éléments minéraux), les fabricants d'engrais omettent volontairement d'incorporer du calcium dans leurs produits. Ils estiment que l'eau employée contiendra un peu de calcaire, suffisant pour les plantes. Mais si cette eau n'en contient pas (c'est le cas dans certaines régions de montagne par exemple), les plantes vont se retrouver en situation de carence (le plus souvent, des macules jaunes parallèles au bord des feuilles, qui sont ramollies à cet endroit). Il suffit de rajouter de l'eau calcaire pour faire cesser ce trouble.

## Deux évolutions liées

Comme nous l'avons vu précédemment, le pH et le type d'engrais sont liés, puisque certains engrais abaissent ou augmentent le pH. D'autre part, les plantes assimilant les nitrates avant l'ammonium, leur croissance modifie naturellement le pH de la solution. Il est donc très intéressant de noter, d'une vérification à l'autre, les tendances de ces deux paramètres. Vous pourrez alors conduire votre composition d'une façon un peu plus experte, sans beaucoup de peine. Pour croître de façon optimale, les plantes ont besoin d'un pH oscillant autour de 6 (entre 5,5 et 6,5) et d'une conductivité stable, centrée autour de 1,5. Lorsque les deux se maintiennent dans cette plage, le système est stable et tout va bien. Mais lorsqu'ils en sortent, il faut intervenir. Si à chaque contrôle vous vous apercevez que les paramètres varient de la même façon (par exemple, que le pH a continuellement tendance à baisser en dessous de 5,5 et la conductivité augmente sans arrêt), un déséquilibre s'installe. En pratique, on arrive à détecter une telle tendance au bout de 3 à 4 semaines mais pas moins. Reportez-vous au tableau ci-contre pour déterminer les actions à entreprendre.

**ÉVOLUTION CONJOINTE DU PH ET DE LA CONDUCTIVITÉ ET MESURES À PRENDRE**

| | | PH | | |
|---|---|---|---|---|
| | | **DIMINUTION** | **STABILITÉ** | **AUGMENTATION** |
| **EC** | **DIMINUTION** | Évolution normale : apporter un engrais à base de nitrate, mais vérifiez le bon état des plantes (l'apport de nitrate favorise certains ravageurs comme les pucerons). | Les plantes sont en pleine croissance. Renforcez les doses afin d'augmenter la conductivité davantage qu'à l'ordinaire (jusqu'à 3). Mais veillez à employer un engrais avec oligo-éléments pour éviter les carences nutritives. | Apportez un engrais à base d'ammonium et rectifiez le pH. En cas de maintien de cette tendance, envisagez un renouvellement de la solution. |
| | **STABILITÉ** | Employez de préférence des engrais à base de nitrates ($NO_3$) plutôt que d'ammoniac ($NH_4$). Si les espèces cultivées sur le mur le permettent, apportez un peu d'eau du robinet. | **SYSTÈME STABLE** | Peut se produire en cas d'utilisation d'eau du robinet. Ne pas modifier les apports d'engrais mais privilégier les engrais à base d'ammonium ($NH_4$) plutôt que de nitrates ($NO_3$). |
| | **AUGMENTATION** | Peut se produire lorsque beaucoup de matières organiques mortes se sont accumulées dans les poches : en se décomposant, elles enrichissent la solution. Limitez les apports à un engrais à base de nitrates (engrais ammoniacal à proscrire) et rectifiez le pH. | La croissance des plantes se ralentit et le support « relargue » des éléments nutritifs dans la solution. Stoppez les apports jusqu'à ce que la conductivité revienne dans une fourchette appropriée (en dessous de 2,5). | Stoppez les engrais et rectifiez le pH à la baisse (proscrire temporairement les engrais ammoniacaux). |

Notez que ce suivi est intéressant non seulement pour les systèmes à recyclage (l'irrigation retombe dans une cuve et est réutilisée en circuit fermé) mais aussi pour les systèmes à solution perdue (pompes microdoseuses). Dans ce cas, les mesures à effectuer ne seront pas faites dans la solution de départ (on suppose qu'elle ne varie pas, puisqu'elle est fabriquée automatiquement !), mais sur un échantillon de solution s'écoulant en bas du mur. Inventez un petit stratagème pour en récupérer une quantité suffisante, soit un litre. Pour être valable, cette mesure doit être effectuée au plus tous les quinze jours.

Des produits adaptés à l'hydroponie vous permettront de réguler l'acidité de la solution nutrive. Indispensable !

À SAVOIR

**L'ENTRETIEN D'UN MUR RÉALISÉ PAR UN TIERS**

Si vous avez confié la confection de la composition à une entreprise, ce n'est pas forcément elle qui vous en assurera l'entretien, sauf si vous avez conclu un contrat d'entretien. Notez qu'en cas de dysfonctionnement du mur végétal, il n'y a habituellement **pas de garantie**, sauf à ce que le contrat le mentionne expressément (c'est la garantie de bon fonctionnement, par exemple). Lisez bien et mettez-vous d'accord avec le prestataire avant d'entamer les travaux !

ASTUCE

**ERREUR DE DOSAGE, PAS DE PANIQUE !**

Si vous avez eu la main lourde avec les engrais et que vous vous retrouvez face à une conductivité trop forte, la solution est simple. Il suffit de soutirer autant de solution qu'il y a d'excès. Par exemple, un excès d'engrais se traduisant par une conductivité de 4 indique qu'il y a quasiment deux fois trop d'engrais dans la solution. Il faudra purger la moitié de la solution, jeter ou stocker à part ce volume soutiré, puis le remplacer dans la réserve de solution par de l'eau pure. Cette dilution va mathématiquement baisser la conductivité de la solution. Vérifiez alors le pH, ajustez-le au besoin puis vérifiez la conductivité.

Si vous avez commis une erreur de dosage avec le pH (qui du coup se trouve trop acide ou trop basique), il faudra ajouter un produit correcteur. Mais à force de rajouter de tels composés, la solution finit par se dénaturer chimiquement : les éléments en solution interagissent et forment de nouveaux composés, que les plantes ne peuvent absorber et qui peuvent leur être toxiques. Mieux vaut rester attentif lors des apports !

Les plantes à feuilles fines (ici, un *Hypoestes*) sont plus sensibles que les autres aux variations de conductivité de la solution.

# MALADIES ET RAVAGEURS

Les maladies susceptibles de se développer au sein d'une paroi végétale sont assez limitées. Voici donc une sorte de mini-guide « SOS mur végétal ». Parce qu'une paroi végétale se trouve souvent à proximité des habitations, sinon à l'intérieur, nous ne conseillons que des remèdes biologiques.

**Araignées** : en intérieur surtout, les araignées aiment tisser des toiles sur les plantes, d'autant plus qu'elles offrent une saillie propice à la chasse aux mouches. La présence des toiles n'a aucun impact sur la santé des plantes et la gêne, s'il y en a une, elle ne peut être qu'esthétique. Seule solution : jouer du plumeau...

**Aspect grisé** : si les feuilles prennent un aspect mat et se teintent de gris, regardez attentivement l'extrémité des feuilles. Il est probable que vous distinguerez de fins filaments, comme un voilage couvrant la feuille. Cette couverture correspond à de minuscules acariens – qui ne provoquent aucune allergie ! – qui décolorent la feuille en la piquant pour s'en nourrir. Ce cas de figure n'apparaît que dans les pièces très sèches et a pour cause une humidité trop faible au niveau des feuilles. On peut aussi l'observer sur les compositions extérieures, en fin d'été. La solution consiste soit à augmenter la fréquence d'irrigation du support (afin qu'il soit plus humide encore) ou bien à pulvériser de l'eau déminéralisée sur les feuilles, avec un petit pulvérisateur à main.

**Cochenilles** : repérables soit aux amas farineux sur les tiges, soit aux petites carapaces collées contre les feuilles, elles peuvent constituer un vrai fléau. Les cochenilles farineuses (présentes en intérieur unique-

Attaque sévère d'acariens

Cochenilles farineuses sur *Nephrolepis*

ment) s'éliminent avec un coton-tige imbibé d'alcool si elles sont peu nombreuses. En cas de forte infestation, envisager de lutter avec la coccinelle australienne (*Cryptolaemus*). Cet agent de lutte biologique n'est pas très efficace et, comme il est d'origine exotique, il vaut mieux l'employer avec précaution. Les cochenilles à carapaces sont plus malignes car plus discrètes mais tout aussi prolifiques. La plupart du temps, il s'agit de la cochenille des agrumes (*Coccus hesperidum*), qui s'attaque à peu près à n'importe quoi, pourvu que ce soit végétal. Un patient nettoyage au coton-tige vous en débarrassera. D'autre part, la lutte biologique s'opère avec les auxiliaires comme *Coccophagus* ou *Microterys*, si la température nocturne dépasse 10 °C.

**Feuilles racornies** : ce problème survient lorsque les plantes sont baignées dans un air trop sec. L'humidité peut être insuffisante, même à 20 cm d'une nappe détrempée, si le chauffage est trop important. En général, ce problème s'améliore lorsque les plantes poussent, car les feuillages entretiennent un air humide. Pulvérisez de l'eau (non calcaire) et veillez à ce que la cadence d'irrigation soit adaptée (nappe pas complètement desséchée). Les fougères sont les plus sensibles à ce phénomène.

**Flétrissement** : si le support est trop sec, les plantes auront soif et vont se flétrir. Pour y remédier, il suffit d'augmenter la cadence des irrigations. Vérifiez régulièrement l'état des goutteurs : un excédent de solution peut les amener à s'encrasser. Mais même en cas de nappe détrempée, il peut se produire un flétrissement. Ce ramollissement aura une cause différente en été et en hiver. En été, les plantes peuvent être soumises à un tel stress qu'elles ne peuvent absorber autant d'eau qu'elles en évaporent. Ce déséquilibre conduit à un flétrissement, qui se calme dès que les températures retombent (elles se relèvent la nuit par exemple). Dans ce cas, le mur a trop chaud en journée. Envisagez une petite protection thermique si les canicules sont temporaires dans votre région. Sinon, il est probable qu'il faudra changer la composition végétale pour des espèces plus résistantes à la chaleur. En hiver, le processus est tout autre. Le flétrissement sur nappe humide se produit

Goutteur encrassé, à nettoyer

lorsque la solution d'irrigation est plus froide que la pièce dans laquelle se trouve la composition. Une situation que l'on rencontre surtout en intérieur. Un écart de 5 °C entre la température de l'eau et celle des plantes suffit à générer de tels flétrissements (certaines espèces y étant très sensibles, d'autres pas du tout). Ce cas se produit dans les systèmes à solution perdue (l'eau venant du secteur est trop froide) ou lorsque la cuve de récupération est située dans une pièce froide (par rapport à l'endroit où se trouvent les plantes). Il se produit un choc thermique néfaste aux racines, qui pourrissent. Logiquement privée d'une partie de ses racines, la plante se met à faner. Seule solution : veiller à ce que la solution d'irrigation soit à la même température que les plantes. On y arrive en plaçant un chauffage pour aquarium (résistance à immerger), dans la cuve de récupération.

**Limaces** : davantage sur les murs extérieurs qu'à l'intérieur, les limaces peuvent prendre place dans la nappe horticole et s'y lover. Les grosses limaces rouges sont coutumières du fait et si ce ne sont pas celles qui font le plus de dégât, elles sont très visibles. En intérieur,

Limace rouge *(Arion)*

les limaces sont venues avec le substrat des plantes installées sur la paroi. En général, il suffit de traquer les quelques importunes, qui étaient de toute façon condamnées à mourir des températures trop élevées l'hiver d'après. En extérieur, quelques mollusques ne posent pas de problème (les plantes y poussant beaucoup mieux). Si la composition subit une infestation, il sera peut-être utile de traiter. Le plus efficace consistera alors à déverser, dans la solution nutritive, des agents de lutte biologique (nématode *Phasmarhabditis*, sans danger pour les plantes ou les animaux autres que les mollusques). Il agit par contact : en ingérant le nématode, le mollusque dépérit car le premier parasite le second.

**Pucerons** : les pucerons posent parfois problème sur les plantes tendres et durant l'hiver. Inspectez régulièrement vos plantes

À SAVOIR

**EXPLOITEZ LES MANDIBULES CHINOISES**

Depuis quelques années, les maisons du Nord et de l'Est sont envahies à l'automne par des coccinelles assez grosses, vigoureuses et nombreuses.
Ce sont des coccinelles d'origine chinoise du genre Harmonia, échappées des cultures employant la lutte biologique. Elles sont quasiment devenues indigènes. Elles ont un effet néfaste sur notre environnement car elles s'attaquent aussi à nos coccinelles. La logique voudrait qu'on les élimine. Mais vous pouvez les récupérer pour les placer sur les plantes d'un mur végétal intérieur infesté de pucerons. Elles se mettront à nettoyer les plantes avec rapacité… et gratuitement !

Pucerons : un seul individu peut donner naissance à des centaines d'autres, sans fécondation.

Cette feuille montre tous les signes d'une carence en calcium, avec ses bandes décolorées parallèles aux bords.

afin d'enrayer les infestations. Un seul puceron suffit à fonder une colonie entière, qui s'étendra au reste de la composition. Éliminez les pucerons isolés à la main. S'ils se développent trop rapidement, envisagez un insecticide. En intérieur, sur une plante fragile, ils ont tôt fait de prendre le dessus et de provoquer tout simplement la mort du plant. Passez par exemple une bombe sur les plantes atteintes, à 30 cm au moins du feuillage. Mieux vaut plusieurs traitements légers qu'un seul conséquent. Dans tous les cas, l'insecticide doit être appliqué le soir, après l'extinction des éclairages. Les matières insecticides réagissent au contact des feuilles sous l'influence de la lumière (plus exactement des ultraviolets qu'elle contient) et provoquent des dégâts sur les tissus végétaux. En cas d'infestation, passez à la lutte biologique, surtout en intérieur. Les larves de coccinelles sont efficaces, mais le support inerte leur déplaît. Les coccinelles adultes se satisfont davantage de ces conditions mais leur efficacité est limitée. Choisissez plutôt une mouche parasite des pucerons, comme *Aphidoletes*, efficace sur les petits pucerons verts des serres (*Myzus persicae*).

**Taches sur le support** : des auréoles blanchâtres, orangées ou grisâtres peuvent se former sur la surface végétalisée, en intérieur surtout. Elles correspondent à des moisissures, qui trouvent là le milieu idéal pour se développer, car il n'est pas trop humide ni trop acide pour elles. Vérifiez bien le pH de la solution (de 5,5 à 6,5) et augmentez éventuellement la cadence d'irrigation. Même si elles persistent, leur présence ne constitue aucun danger. Avec le temps, on peut aussi noter la formation de croûtes. Elles correspondent à un endroit où la nappe évapore la solution, qui se dépose sous forme solide. Il suffit de réparer localement le support pour que cette zone soit mieux rincée lors des irrigations.

**Taches noires sur les feuilles** : si elles correspondent à une couche de poussière collante, il s'agit de fumagine, provoquée par les déjections de pucerons. En combattant ceux-ci, ce problème disparaîtra. Si en revanche les taches sont incrustées dans les feuilles, il s'agit d'une attaque de champignons parasites consécutive à un problème physiologique : le mur est soit trop humide, soit trop au frais, soit les deux.

À SAVOIR

**PETIT PROBLÈME D'ODEURS ?**

Il peut arriver qu'une paroi végétalisée depuis peu commence à émettre une odeur peu ragoûtante de serpillière croupie. Ce phénomène transitoire dans tous les cas, a plusieurs origines :

- une température basse ou au contraire trop élevée ;
- une solution nutritive trop riche ;
- un problème de pH ;
- une luminosité trop faible.

En réalité, ces paramètres sont souvent liés : la solution a tendance à « virer », c'est-à-dire à être le siège d'une intense **prolifération bactérienne**. Ce phénomène est naturel : l'eau claire du départ se peuple et se « patine » du point de vue biologique. Ces bactéries ne présentent bien sûr aucun danger pour la santé ou les asthmatiques. Comme les plantes ne sont pas encore en phase de croissance (elles doivent s'enraciner), elles ne prélèvent que peu d'éléments dans la solution. C'est pourquoi celle-ci peut se transformer en soupe si la conductivité a été mal suivie au départ. La prolifération d'algues sur le support (lui donnant une couleur verte) et l'entrée en croissance des plantes fera tout rentrer dans l'ordre. Un pH trop acide est aussi favorable à l'apparition d'odeurs : c'est le signe que la solution s'appauvrit en azote (ammonium) et qu'il serait temps de la renouveler. Notez enfin que les problèmes d'odeurs sont liés à l'état de la solution nutritive elle-même et non au support de culture, inerte par définition.

**Attention cependant** : si vous avez choisi des engrais organiques, certains ont une odeur qui n'a rien à envier à une étable ! Il n'est pas étonnant dans ce cas que le mur sente assez fort. Seule solution si cela pose problème : changer l'engrais actuel pour un engrais minéral (chimique). Cela nécessitera une vidange de la réserve si les plantes ne sont pas en période de croissance.

Veillez à ce que les plantes cultivées sur le mur puissent se satisfaire des conditions de température de la pièce et, éventuellement, agissez sur le réglage du chauffage. Une température plus élevée diminue l'humidité du mur. Des taches larges et localisées sur le bord des feuilles peuvent aussi traduire l'effet néfaste de gouttes d'eau tombant depuis des plantes situées en surplomb. Ce souci se rencontre surtout chez les bégonias et les plantes de la famille des Aracées. Seule solution : modifier la configuration, en taillant la plante responsable par exemple.

**Teint jaunâtre** : ce problème survient plus généralement sur les murs extérieurs. Il a pour origine une irrigation trop intense, qui détrempe le pied des plantes. Celles-ci prennent un teint jaunâtre (plus marqué dans le cœur que sur les vieilles feuilles), surtout en période de croissance, au printemps. Réduisez la fréquence d'irrigation : les symptômes disparaissent normalement en quelques jours. Si au contraire, les feuilles se décolorent vers les extrémités, en laissant les nervures vertes, il s'agit d'une carence en fer provoquée par une eau très calcaire. Ajoutez de l'antichlorose à la solution. Enfin, une décoloration uniforme des végétaux, sur des installations anciennes, traduit une carence généralisée. Il est alors temps de renouveler la solution nutritive, en incluant des oligo-éléments. Si les zones jaunes sont limitées au bord des feuilles ou forment des rayures parallèles à la nervure centrale, vous êtes sans doute en face d'une carence en calcium. Reportez-vous à la page 112.

# TAILLER ET PLANTER

**La taille** est nécessaire à un rythme variable. Dès qu'une plante devient encombrante, elle peut subir une taille, par exemple en lui retirant les feuilles les plus anciennes ou en coupant une partie afin de la forcer à repartir de la base. Mais dans la pratique, la recherche de foisonnement primant sur le reste, on se gardera de tailler lorsque ce n'est pas impératif. Lorsqu'une plante se développe tant qu'elle en étouffe ses voisines, il faut intervenir. Vous risquez en effet de vous retrouver avec une grosse plante entourée par un vide, faute de lumière. Mais vous pouvez aussi décider qu'un mur végétal étant un morceau de jungle, c'est au plus fort de gagner. Dans ce cas, il n'y a qu'à laisser la nature agir.

Néanmoins, vous aurez à retirer régulièrement les feuilles mortes, en particulier sur les murs d'intérieurs. Les *Davallia* ont la manie de perdre des frondes à n'importe quel stade de développement (et sans que cela semble lié à l'état physiologique de la plante), ce qui impose un petit nettoyage hebdomadaire (quelques minutes à peine). En extérieur, lorsque la composition évolue à son rythme maximal, la croissance des arbustes peut devenir impressionnante. Il faudra peut-être les tailler, en particulier si les pousses ont tendance à déséquilibrer l'harmonie visuelle de l'ensemble.

Les rejets de *Callisia* s'enracinent facilement : l'idéal pour regarnir !

Dans cette partie d'un mur végétal créé par Patrick Blanc, une replantation est à prévoir car certaines espèces n'ont pas tenu. C'est un phénomène tout à fait normal, en intérieur comme en extérieur.

PAS À PAS

**REGARNISSAGE EN 3 ÉTAPES**

1 Retirez les restes de plantes qui ont péri et les bouts de nappe horticole qui les retenaient.

Dans tous les cas, il sera utile de forcer les rejets des plantes rampantes à adhérer au support. Si votre composition repose sur une plaque, fixez-les avec une bande agrafée. Sinon, employez un petit fil en inox pour les arrimer à la structure, afin qu'elles s'y enracinent. Cette tâche vaut surtout en intérieur pour les ficus et les plantes de la famille des misères (*Callisia*, *Tradescantia*). En extérieur, cette opération concernera par exemple les fusains.

**Si vous souhaitez rafraîchir la composition**, ou simplement remplacer des plantes malades ou qui ont dépéri, procédez à de nouvelles plantations. La technique doit être identique à celle utilisée lors de la création de la composition. Il vaut mieux

2 Agrafez des poches selon la technique présentée page 64, en comblant d'abord l'espace par le haut.

3 Le trou, s'il n'est pas complètement camouflé, ne tardera pas à se combler.

retirer complètement la plante qui a dépéri (elle peut héberger des parasites comme les cochenilles, profitant de sa vulnérabilité). Le plus simple est d'éventrer la poche de plantation, de retirer le contenu, puis de réagrafer le tout, comme s'il s'agissait de points de sutures. Le support ainsi aplani peut recevoir une nouvelle poche.

Les murs reposant sur une paroi sandwich sont encore plus simples à replanter, puisqu'il suffit d'extirper la plante malade et d'en placer une nouvelle. Quant aux murs de pots (casiers à plantes ou retenues de terre), leur contenu se renouvelle comme des potées classiques.

Il est déconseillé de replanter au même endroit une plante qui n'a pas tenu. En pleine terre, cela se justifie par la présence probable dans le sol d'éléments pathogènes (champignons) qui sont absents des supports inertes. Sur un mur, la raison est autre : si les conditions sont identiques, il n'y a pas de raison qu'une seconde plante se maintienne là où une première a échoué. La qualité des plants issus du commerce répond à des exigences de qualité et à moins d'avoir acquis un lot souffreteux, les plants se valent d'un lot à l'autre. C'est particulièrement vrai pour les végétaux d'intérieur, qui sont produits dans de gigantesques unités comme des poulets de batterie, cultivés de A à Z par des robots. Si la plante n'a pas tenu à cet endroit, c'est qu'il faut essayer une autre espèce.

# LES MEILLEURES **PLANTES**

À l'intérieur de cette section, vous trouverez des conseils pour bien choisir vos plantations et déterminer quels soins leur apporter, ainsi que les points à surveiller. Toutes les plantes cultivables en intérieur ne sont pas adaptées à une culture comme celle décrite dans cet ouvrage : un tri s'impose. Nous avons choisi de ne pas être exhaustif mais de vous proposer une sélection qui a fait ses preuves et que vous n'aurez pas trop de mal à trouver dans le commerce (pépinières spécialisées, jardineries, fleuristes, etc.).

Cette sélection concerne principalement les murs cultivés à l'aide d'un support hydroponique à base de nappe horticole. Mais les plantes présentées sont parfaitement adaptées aux autres techniques, comme la pierre taillée ou les supports traditionnels. Les contraintes sont en effet très similaires.

Iris de Sibérie

# EN INTÉRIEUR

## Les plantes retombantes

Dans cette catégorie se rangent les plantes aux tiges assez longues et qui retombent sous leur propre poids, sans pour autant s'accrocher à la surface. Elles peuvent efficacement boucher un trou, mais ne s'enracinent pas forcément. Dans ce cas, la lacune persiste.

**Points forts / points faibles** : leur port retombant donne de l'allure à la paroi en lui imprimant un mouvement de vague tout en camouflant le support. Mais elles peuvent étouffer les plantes situées en dessous si elles viennent à trop pousser.

**Soins** : ces plantes sont remarquablement peu exigeantes. Mais mieux vaut de temps à autre pincer l'extrémité des pousses trop longues afin de les contenir dans des dimensions raisonnables.

1

2

– ***Aeschynanthus*** **1** : souvent vendues comme plantes de suspension d'intérieur, ces végétaux dessinent une touffe foisonnante de tiges arquées puis pendantes, couvertes de petites feuilles. Les *Aeschynanthus* fleurissent de façon éclatante, des becs-de-perroquet jaunes ou orangés se formant aux extrémités. Ils n'aiment pas l'excès d'irrigation et il faudra les réserver à une partie un peu plus sèche que le reste. Les *Columnea*, moins vifs, ont un port et des exigences semblables.

– ***Hoya*** : dites aussi « fleur de porcelaine », les hoyas forment des lianes retombantes pouvant atteindre plus d'un mètre de long. Peu encombrantes, leur floraison en petites grappes de fleurs en étoiles très parfumées vaut la peine. Seul inconvénient : les plantes ne se trouvent qu'en suspension de grande taille, et sont vendues assez cher (de 15 à 30 €). Même culture que les *Aeschynanthus*.

– **Lierres** : bien qu'il s'agisse d'une plante d'extérieur, le lierre accepte volontiers de pousser en intérieur. Compte tenu de l'extrême diversité des variétés disponibles, c'est une plante de choix, car elle pousse vite et se révèle bon marché. Préférez les cultivars panachés, comme 'Buttercup' **2**, à feuilles laciniées (comme 'Très Coupé') ou très petites formant un tapis (comme 'Wonder' ou 'Spetchley'). S'il se plaît, le lierre aura tendance à un peu envahir le support, ce qui mérite alors une taille régulière. Il ne faut pas tirer sur les tiges enracinées dans le support car elles sont si fermement accrochées que vous risqueriez d'endommager la paroi !

– **OPLISMENUS** 3 : il s'agit d'une graminée d'intérieur dont les feuilles ressemblent à celles des bambous, la plante suivant un port affalé, très retombant le long d'une paroi, comme un rideau. Elle est très tolérante aux conditions qui lui sont offertes et permet de garnir très rapidement un support pas trop éclairé, d'autant plus qu'elle peut s'enraciner aux nœuds. Mais elle a tendance à se dégarnir et gagnera à être accompagnée de plantes qui pourront traverser son couvert, comme des *Maranta* ou des *Calathea*. Il en existe une forme panachée (*O.* 'Variegatus') mêlant le vert au blanc et au rose, et qui demande un peu plus de lumière.

– **TRADESCANTIA (MISÈRES)** 4 : trésor des intérieurs, les misères que l'on cultive habituellement sont assez peu adaptées à l'hydroponie, car elles craignent l'humidité. Préférez celles qui ont des besoins en eau plus marqués, comme *Tradescantia fluminensis* et *T. albiflora*. Vous croiserez surtout leur variété à feuilles panachées de vert de blanc. Elles ne demandent qu'un court entretien : coupez les tiges devenues trop longues et fichez-les à un autre endroit, où elles s'enracineront bien vite. Elles ne couvrent vraiment le support que si elles bénéficient de la pleine lumière. Sinon, elles se montreront assez décevantes sur un mur végétal, surtout s'il est très humide. Plus rares, les *Callisia*, sont des cousins formant de grosses rosettes, de culture identique.

**ATTENTION**

**VITE MAIS TROP**

Le lierre est souvent gratifiant sur un mur car il a la bonne idée de pousser dans un très large éventail de situation. Mais une fois en place, il est **difficile de le déloger** pour y placer une autre plante. Une plantation à bien réfléchir ! Quant aux misères, elles ont tendance à former de très longues tiges, qu'il faut tailler sans cesse pour les forcer à se ramifier.

## Les plantes tapissantes

Pour former un couvert uniforme, ces végétaux apportent de bonnes solutions, d'autant plus que le choix est vaste. En intérieur, les compositions peuvent peiner à se garnir : un couvert végétal ras évitera cet effet de vide durant trop longtemps.

**POINTS FORTS / POINTS FAIBLES** : camouflent le support à un rythme de croissance plus ou moins rapide. Peuvent parfois être envahissantes ou occasionner un peu plus d'entretien que les plantes non tapissantes. Doivent être mélangées à d'autres types de végétaux pour éviter une composition trop plate.

**SOINS** : peu, si ce n'est limiter la végétation des variétés les plus vigoureuses et qui auraient tendance à étouffer de plus petites plantes. Étêtez les extrémités des pousses qui s'écartent de l'axe du mur.

1

– **HELXINE** 1 : plante très utilisée en végétalisation verticale et en fleuristerie, grâce à ses myriades de petites feuilles rondes produisant un effet « moussu ». Elle a l'avantage de pousser vite et de se satisfaire de peu de lumière. Elle se propage d'elle-même en s'enracinant par les tiges. Il en existe deux variétés, l'une à feuilles dorées ('Aurea') et l'autre à feuilles panachées ('Variegata' de couleur vert clair). Ces formes sont plus fragiles et moins poussantes. Ne pas confondre avec la sagine, une plante d'allure différente qui ne s'emploie qu'en extérieur.

2

– ***NERTERA*** 2 : ressemble à l'helxine mais portant en plus des petites billes orangées ou jaunes selon la variété et poussant lentement. À placer dans un endroit sec de la composition sous peine de la voir pourrir rapidement. Convient bien aux pièces fraîches.

**À SAVOIR**

**ALTERNATIVES**

D'autres **plantes tapissantes**, comme certaines fougères, peuvent aussi répondre à vos besoins. Pensez à consulter les autres fiches. Notez aussi que le figuier rampant (*Ficus pumila*), bien que formant un enchevêtrement de tiges avec le temps, se prête très bien à la colonisation d'une nappe horticole. Il en existe une forme à feuilles panachées de blanc ('Variegata'), moins vigoureuse.

3

4

5

– *PILEA* : petites plantes basses à feuilles aux formes et couleurs variables. Certaines ont des feuilles gaufrées ('Moon Valley') ressemblant à du velours, des petites feuilles rondes (*Pilea microphylla* 3), tandis que d'autres sont panachées d'argent (*P. cadierei* 4). De croissance plus ou moins rapide, ce sont des plantes de mi-ombre qui ont l'avantage de se bouturer facilement, ce qui permet de vite combler les lacunes dans une composition. *Pilea repens* peut ainsi couvrir une grande surface en assez peu de temps. Les *Pellonia* sont des plantes voisines mais au port très ras, plaquées au sol.

6

– *EPISCIA* : de taille modeste et peu couvrante, ces plantes offrent un feuillage velouté (*E. dianthiflora* 5) ou délicatement marbré (*E. reptans* 6), et une floraison intéressante, peu fournie mais bien située au-dessus du feuillage. Ce sont typiquement des plantes de paroi humide en sous-bois, dans leur milieu naturel. Réservez-leur un emplacement pas trop lumineux.

7

– *PEPEROMIA* 7 : plantes formant de petites touffes de feuilles charnues, souvent veinées d'argent. On rencontre souvent P. *caperata*, peu rampante, et P. *serpens*, aux rameaux étalés. *P. argyreia* possède de magnifiques feuilles lisses finement dessinées d'argent : ce sont sans doute les plus belles d'entre toutes. Ces plantes, faciles à cultiver en pot, se révèlent volontiers capricieuses dans une composition verticale. Elles n'aiment pas l'humidité excessive, qui peut les faire pourrir. Choisissez un endroit un peu plus sec que le reste, assez lumineux. Une fois installées, elles durent des années.

## Les fougères

Reines de l'ombre, les fougères allient la grâce à l'amour de l'humidité. Ce groupe recèle, avec les plantes tapissantes, des composantes indispensables à toute réalisation.

**Points forts / points faibles** : elles sont très variées et offrent de nombreuses possibilités d'aménagement. Mais si elles aiment l'ombre, elles poussent lentement, ce qui est logique ; moins de lumière veut dire moins d'énergie reçue et donc une croissance plus réduite.

**Soins** : ils se limitent à couper les feuilles mortes. Les fougères ne sont jamais envahissantes car elles tracent peu. Mais elles peuvent prendre un grand développement et alors gêner leurs voisines.

– ***Davallia*** **1** : nommée aussi patte-de-lapin, cette fougère pousse en petites touffes basses. Si ses frondes sont assez semblables à n'importe quelle fougère, on remarque surtout ses rhizomes, couverts d'un épais duvet beige qui lui a valu son surnom. Elle pousse vite et se plaît à la verticale, surtout si elle dispose d'une saillie (une écorce par exemple) pour s'accrocher. Une valeur sûre. Son seul défaut : perdre des frondes à tout moment, sans que cela soit anormal. Les cochenilles peuvent l'attaquer mais elle n'en souffre guère.

1

– **Nid d'oiseau *(Asplenium nidus)*** **2** : très cultivée en intérieur, cette fougère forme une grande rosette de frondes non découpées. C'est une espèce « architecturale », c'est-à-dire dont la silhouette se découpe sur le reste. Mais elle prend vite de grandes dimensions et peut devenir encombrante. À planter plutôt vers les marges du mur ou à supprimer lorsqu'elle devient encombrante. D'autres fougères du genre *Asplenium* pourront être implantées sur un mur, comme *A. viviparum*, très prolifique.

*Tillandsia cyanea* : une broméliacée à associer avec des plantes tapissantes pour masquer le support.

– *Nephrolepis* : *N. exaltata* 1 représente la fougère la plus classique en intérieur de par sa vigueur. Elle peut se montrer très envahissante – une exception – grâce à ses fins petits rhizomes. Son feuillage encombrant ne tolère pas de voisinage et elle forme des taches uniformes, ce qui peut déplaire. La variété type offre moins d'intérêt que les innombrables variétés, comme celles à feuilles crépues ('Fluffy Ruffles' ou 'Emina'). Mais d'autres espèces ont les frondes plus divisées (comme *N. biserrata* 2), très retombantes (*N. cordifolia*) ou au contraire compactes et érigées (*N. cordifolia* 'Duffii'). Il règne une grande confusion dans les noms des plantes du commerce (lorsqu'elles ont une étiquette !), ce qui doit inciter à la prudence.

– *Adiantum* : ces fougères se distinguent par des segments de feuilles larges et fins, mais portés par des axes si ténus qu'on les croirait flotter dans l'air. *A. capillus-veneris* est sans doute la plus résistante de toute, à condition de ne pas la placer dans une zone trop sèche. Elle sera plus fournie en été qu'en hiver.

– *Phlebodium* : comme le *Davallia*, cette fougère forme un rhizome velu, moins ramifié mais beaucoup plus gros, de couleur orangée. La base tranche avec ses frondes peu découpées mais d'un magnifique vert-de-gris. 'Blue Star' 3 et 'Glaucum' possèdent des frondes franchement bleues. Cette fougère est très solide et pousse assez vite, une fois installée. Lorsqu'elle se plaît, elle peut devenir assez imposante : implantez-la dans la moitié inférieure.

**À SAVOIR**

**TROP GROSSE !**

**Les fougères arborescentes (*Dicksonia, Cyathea*) sont peu adaptées** à une paroi végétale dans la mesure où elles deviennent très grandes. En quelques années, une jeune *Cyathea* qui se plaît formera des frondes longues de plus d'un mètre, soit une couronne de 2 m de diamètre !

– ***Platycerium* :** surnommée corne-de-cerf, ce type de fougère a la particularité de former deux types de frondes : les unes enserrant la base du support pour former une sorte de panier naturel, les autres s'en détachant pour former d'épaisses lanières velues et retombantes. Les *Platycerium* poussent lentement mais sûrement et certaines deviennent de vraies géantes. Accrochez-les à un morceau de tronc qu'elles pourront enserrer de leurs frondes transformées. Ces fougères méritent qu'on y porte attention car un sujet peut devenir la pièce maîtresse d'une composition. Elles sont toutefois difficiles à planter, à cause de leurs frondes de la base, pas toujours compatible avec un placement à l'horizontale. Vous trouverez dans le commerce des petits sujets aux feuilles peu ramifiées, en petites touffes. Il s'agit d'une variété cultivée nommée 'Netherlands' 4. Elle est très résistante mais moins intéressante à l'âge adulte que les autres *Platycerium*.

4

– **Sélaginelles :** bien que botaniquement il ne s'agisse pas de fougères, les sélaginelles en sont très proches, y compris par l'aspect plumeux de certaines d'entre elles. Elles forment un couvert peu dense, soit plaquées à même le support (*Selaginella kraussiana* 5), soit à 20 cm au-dessus (*S. martensii* 6). Elles n'étouffent pas la végétation alentour : ce sont là de très bonnes plantes-compagnes pour garnir un espace entre deux plantes plus imposantes, à condition que le support ne soit pas détrempé. Elles ne reprennent pas toujours facilement.

5

– **Fougères d'extérieur :** comme leur nom l'indique, elles ne sont pas à l'origine destinées à une installation en intérieur. Mais si la pièce dans laquelle se trouve la réalisation reste fraîche en hiver (15 °C au plus), ces fougères peuvent être plantées. Choisissez celles qui gardent leur fronde en hiver : *Blechnum*, *Cyrtomium*, *Phyllitis* (scolopendre), *Polypodium*, *Polystichum*, etc.

6

## Les broméliacées

Leur nom ne vous dira peut-être rien, mais il est impossible que vous n'en ayez pas croisé, tant ces plantes sont utilisées en intérieur. Ce sont toujours des rosettes coriaces à la floraison colorée qui dure si longtemps qu'on s'étonne de les voir un jour faner ! Certaines ont un feuillage joliment coloré ou zébré : ces plantes apportent de la couleur à toute composition !

**POINTS FORTS / POINTS FAIBLES** : les broméliacées sont des plantes très résistantes, qui survivent dans des conditions très variables, pourvu que le support soit humide. Elles sont donc très adaptées à une culture sur mur. En revanche, une fois qu'elles ont défleuri, elles ne forment pas d'inflorescence nouvelle avant au moins un an : il vaut mieux panacher les variétés pour éviter de longs moments sans floraison.
**SOINS** : une fois installées, ces plantes ne demandent aucun soin – si ce n'est couper les fleurs fanées – et connaissent très peu de maladies.

1

- **ANANAS** 1 : les rosettes, une fois installées, deviennent assez grandes (50 cm de diamètre et plus), puis forment le fameux fruit, très petit en culture. Vous pourrez acheter des variétés ornementales (variétés d'*Ananas bracteatus*), plus colorées ou à feuilles panachées. Mais il sera possible d'en produire à partir de rosettes de fruits (variétés d'*A. comosus*) enracinées au préalable. L'ananas n'aime pas trop l'humidité permanente (placez-le dans une zone moins humide) et il est très sensible aux chocs thermiques au niveau des racines.

2

- ***VRIESEA*** 2 : grâce à ses épis vivement colorés de rouge et de jaune, ce genre de plante s'est largement démocratisé ces dernières années. La floraison dure plus de trois mois, émergeant d'une rosette de feuilles poussant assez près du sol. La rosette est souvent isolée mais parfois ornementée d'écailles argentées (*V. splendens*). Des variétés cultivées, plus prolifiques, comme 'Astrid', permettent d'obtenir des plantes touffues et très florifères. Comme ces plantes ne dépassent pas 30 cm, elles peuvent être placées n'importe où dans la composition, si possible là ou l'air sera le plus humide.

3

4

- ***Guzmania*** 3 **:** de végétation très semblable aux précédents, les guzmanias s'en distinguent par une inflorescence en rosette plutôt qu'en épi dressé. La floraison prend une teinte rouge, orange, rose ou bigarrée, très « flashy ». Ces plantes sont très résistantes, préférant une exposition assez lumineuse. Les *Aechmeas*, plus imposants, mais d'allure proche, demandent les mêmes soins.

- ***Cryptanthus*** 4 **:** ces broméliacées se reconnaissent immédiatement à leur port en rosette plaquée contre le sol. L'ensemble mesure environ 15 cm de diamètre mais à peine 5 cm de haut ! Souvent colorées de rose ou rayées, les *Cryptanthus* (littéralement : « fleur cachée » en latin) valent pour leur feuillage uniquement. Offrez leur un espace assez lumineux et pas trop humide : idéal pour ornementer une poche de plantation un peu trop volumineuse.

4

- ***Nidularium*** **:** ce genre adopte quant à lui un port moins plaqué contre le sol. La couleur de sa rosette se produit au moment de la floraison : les feuilles du cœur prennent alors une couleur rouge ou rose tout à fait saisissante. Ces plantes apprécient davantage l'humidité que les *Cryptanthus*.

1

- ***Tillandsia*** **1 :** ces plantes font partie d'un type particulier dans le monde végétal, puisqu'elles n'ont pas de racines (à une seule exception près, le spectaculaire *T. cyanea* (page 130), reconnaissable à son large épi de couleur rose fluo). La majorité se nourrit à l'aide de leurs feuilles, qui ont des propriétés particulières. Celles-ci ne sont jamais vendues en pot, mais toujours en vrac, et assez cher. Toutes ressemblent à de régulières rosettes de feuilles argentées, très décoratives.

Il est nécessaire de les installer sur une écorce et non pas directement dans la nappe, trop humide. Arrimez-les à un morceau d'écorce lui-même fixé au support. *T. usneoides*, la barbe-de-vieillard, retombe de façon très élégante et s'accroche comme une ficelle ! *T. cyanea*, qui possède de vraies racines, doit être traité comme un *Vriesea*.

2

- ***Billbergia*** **2 :** plus gracile que les autres broméliacées en rosette, le *Billbergia* forme une sorte de carquois vert clair d'où émergent des inflorescences pas très spectaculaires mais délicatement colorées de rose et de vert sombre. C'est une plante très facile, qui appréciera néanmoins une pièce pas trop chauffée (pas plus de 18 °C en hiver). Placez-la assez loin des sources lumineuses.

**À SAVOIR**

**AUTO-REMPLACEMENT**

Lorsqu'une broméliacée a fini de fleurir, la rosette qui a donné naissance à l'épi finit par dépérir, lentement. Ce phénomène s'accompagne toujours de la formation d'un ou deux rejets à la base, qui à terme remplaceront la rosette principale. Pas de remplacement à prévoir !

## Les orchidées

Compte tenu du nombre conséquent d'ouvrages spécialisés dévolu à ces plantes, nous ne présenterons ici qu'une courte sélection.

**POINTS FORTS / POINTS FAIBLES** : les orchidées ont la réputation de plantes difficiles. Pour être exact, elles sont exigeantes. Peu tolérantes aux écarts (température, lumière, humidité), elles poussent sans problème là où elles se plaisent. Il est donc impératif de bien choisir les espèces et variétés à installer pour éviter les déconvenues (comme le pourrissement des plantes ou leur refus perpétuel de fleurir). Nous ne saurons que conseiller aux orchidophiles et aux collectionneurs d'adapter les techniques de construction proposées dans cet ouvrage : renforcer l'épaisseur du support afin d'améliorer le drainage et la porosité et réduire l'irrigation au minimum (quelques goutteurs répartis sur toute la surface). Les orchidées ont la détestable manie de pourrir des racines au contact de la nappe détrempée.

**SOINS** : ils concernent surtout la plantation puisqu'une fois en place, les orchidées ne demandent quasiment aucun soin. La poche de plantation gagnera à être remplie de particules très poreuses, comme des grosses billes d'argile, du polystyrène ou des morceaux de pouzzolane. La plupart n'aiment pas l'eau calcaire et un suivi régulier du titre hydrométrique de l'eau (TH) sera indispensable.

- ***ANGRAECUM*** **3** : ces orchidées aux fleurs cireuses et au parfum suave pourront trouver dans une composition verticale la chaleur et la moiteur qu'elles exigent. Il faudra pour cela que la pièce soit bien chauffée (au moins 20 °C en hiver) et que le support soit convenablement irrigué (pas trop pour ne pas faire pourrir les racines). Parmi les autres orchidées « blanches », les *Brassia* se montreront un peu plus résistantes à la pourriture des racines.

- ***PAPHIOPEDILUM*** : parfois appelées « sabot-de-Vénus » de par leur fleur en forme de sabot, ces orchidées comptent parmi les plus faciles à cultiver. Leurs exigences en termes de température et de qualité de l'eau les destinent tout particulièrement à la culture en hydroponie. Offrez leur un endroit pas trop lumineux dans la composition, et si possible pas trop humecté : l'idéal se situe juste au-dessus d'une ligne de goutteurs, s'il y a plusieurs lignes sur le mur.

3

1

- **PHALAENOPSIS** 1 : ces orchidées-papillon, très souvent blanches, sont très populaires grâce à leur facilité de culture en pot. Dans une composition murale, elles ne seront sans doute pas à leur optimum, leurs grosses racines charnues détestant le contact continu avec l'humidité. Placez-les à un endroit pas trop humide et bénéficiant d'une bonne luminosité, sans que celle-ci ne soit non plus brûlante : la lumière arrivant au milieu du mur est suffisante. Veillez à garnir la poche (surdimensionnée pour l'occasion) d'une bonne quantité de matériau poreux.

2

- **LUDISIA** 2 : ce n'est pas pour ses fleurs – mignonnes mais petites – que l'on cultive cette espèce, mais son splendide feuillage pourpre veiné de saumon. Il s'agit d'une variété terrestre, à implanter de façon classique. Le *Ludisia* craint l'excès de lumière : si l'apport de lumière est important, veillez à l'installer sous le couvert d'une plante à feuilles larges (comme un *Fatsia*, par exemple). Cette orchidée pousse lentement mais ne demande aucun soin.

**ASTUCE**

**ISOLEZ... DE L'EAU**

Les racines charnues des orchidées, lorsqu'elles se trouvent en présence d'un support détrempé en permanence, pourrissent à coup sûr, à l'exception du Ludisia. Pour parer à ce problème, fixez-les à une écorce de liège, et accrochez cette dernière sur le support. Le liège sera ainsi toujours humide mais pas détrempé, ce qui devrait suffire à bon nombre d'orchidées.

- **VANILLES** 3 **:** leur port grimpant appréciera le support s'il n'est pas trop humide. Il faudra sinon séparer la tige de ces grimpantes par une écorce, qui sera toujours humide mais pas détrempée. On pourra ainsi profiter de leur beau feuillage et de leurs fleurs, si la température reste chaude en hiver.

3

- ***MILTONIA* :** ces orchidées sont souvent prises pour des pensées d'appartement, eu égard à leurs grandes fleurs plates. Les miltonias, comme les *Paphiopedilum*, sont bien adaptés à la culture sur paroi végétale. Placez-les en une zone pas trop lumineuse ni trop sèche, à l'opposé des *Phalaenopsis* ! Notez que les plantes fleuriront plus volontiers sur les installations de pièce fraîche (environ 16 °C en hiver). Lorsqu'elles forment des feuilles repliées en accordéon, c'est qu'il y a des courants d'air dans la pièce ou que l'écart de température entre le jour et la nuit est trop important.

À SAVOIR

**ESPÈCES PROBLÉMATIQUES**

Les orchidées de zone fraîches, comme les *Cymbidium* et les *Dendrobium*, ont besoin de températures assez basses (environ 8 °C) et d'une certaine sécheresse pour pouvoir fleurir. Leur présence au sein d'une paroi végétale est donc incompatible avec la bonne croissance des autres végétaux, qui n'ont pas de telles exigences. Évitez donc ce type d'orchidées et **ne sélectionnez que des espèces de climat tempéré ou chaud**. Ou alors, confectionnez un mur d'orchidées avec des espèces d'exigences similaires.

**En guise d'alternative,** vous pouvez aussi imaginer un système de culture sur support détachable. Lorsque le sujet doit entrer en repos (au sec et au frais), vous n'aurez qu'à le décrocher, pour le replacer sur la paroi à la fin de sa période de repos.

## Les lianes

Les plantes grimpantes tropicales débordent souvent de vigueur et posent des problèmes dans les compositions. Elles peuvent être utiles pour créer un effet de cascade (une fois plantées en hauteur) mais il faut bien étudier la question.

**POINTS FORTS / POINTS FAIBLES** : les lianes ont l'avantage de pousser vite, parfois en s'accrochant toutes seules. Mais ce point fort peut devenir un point faible : à tant pousser, elles étouffent le reste et déforment les plantes auxquelles elles s'agrippent. Il ne faut donc pas en abuser dans une composition, d'autant plus qu'une paroi végétalisée n'est pas indispensable à la croissance de liane (elles peuvent être plantées de façon classique et palissées vers le haut).

**SOINS** : taillez dès que la plante devient encombrante. Pour éviter une coupe trop forte que certaines n'apprécieront pas forcément, pincez régulièrement l'extrémité des tiges. La limitation de la vigueur est le seul entretien nécessaire.

1

- **PASSIFLORES** 1 : leur floraison en couronnes roses ou violettes ne passe pas inaperçue et fait d'elles des lianes populaires. Hélas, les variétés tropicales sont florifères à condition de les laisser s'épanouir à leur gré, souvent de plusieurs mètres. Elles ne sont guères adaptées à la culture en hydroponie verticale, sauf à ne cultiver que ces plantes, à les palisser constamment et à les pincer pour les inciter à former davantage de fleurs.

2

- **JASMINS** ***(JASMINUM)*** 2 : ces grimpantes aux fleurs bien connues pour leur parfum ont une forte végétation et apprécient les pièces plutôt fraîches. Aucune n'est vraiment adaptée à la culture en intérieur, compte tenu de leur développement et de leur continuelle perte de feuilles. Mieux vaudra choisir un jasmin de Madagascar (*Stephanotis florinbunda*), qui est vraiment tropical. Ses grandes feuilles vernissées et ses magnifiques fleurs blanches sont très attirantes. Placez-le dans un endroit assez sec car cette espèce n'aime pas les milieux détrempés.

**À SAVOIR**

**TROPICALE DIVERSITÉ**

Le monde des lianes tropicales est extraordinairement vaste et coloré. Beaucoup proposent une végétation vigoureuse, ce qui peut les inciter à les cultiver contre un mur nu. Pour ces plantes, un mur végétal n'apporte pas forcément grand-chose, si elles ont la lumière, l'hygrométrie et la température. C'est pourquoi nous n'avons présenté qu'une palette restreinte.

- **THUNBERGIA** 3 **:** les grandes fleurs de ce genre frileux sont élégamment portées au bout des tiges retombantes en un grand rideau. *T. grandiflora* est le plus cultivé, bien qu'il ne soit pas toujours facile à trouver. Il s'adapte à de nombreuses situations. Son point faible vient de son encombrement, car il ne fleurit qu'après avoir atteint une certaine taille. La Suzanne-aux-beaux-yeux n'est pas adaptée à la culture sur mur car elle est de courte durée de vie. À titre d'alternative aux grands thunbergias, on pourra choisir un *Brunfelsia*, plus rare et au port plus arbustif. Ce dernier n'aime guère les supports détrempés.

3

- **CISSUS :** ces lianes appréciées en plantes d'intérieur ont l'avantage de grimper peu et de s'enraciner aux nœuds. On peut les employer à la façon du lierre, à ceci près que les cissus demandent plus de lumière et sont moins variés. Outre le classique *C. rhombifolia*, vous pourrez employer *C. discolor* aux feuilles argentées joliment veinées de vert, à revers pourpré. Pincez-le souvent.

- **PLUMBAGO** 4 **:** dans les pièces fraîches (voire en extérieur en climat très doux), on pourra implanter cette semi-grimpante, aux bouquets de fleurs bleu ciel. L'espèce n'est pas très exigeante, mais ne tolère pas les températures chaudes en hiver. C'est un bon choix pour les murs situés en véranda.

4

- **ALLAMANDAS** 5 **:** ces lianes aux grandes fleurs jaunes parfumées ont l'avantage de fleurir sans occuper beaucoup de place. *Allamanda cathartica* est la plus fréquente. Elle demande un emplacement non détrempé sur la paroi, et beaucoup de lumière. Taillez-la court lorsqu'elle devient encombrante (elle fleurit sur les jeunes pousses). Attention, comme toutes les plantes de sa famille (les Apocynacées), elle est toxique.

5

## Les aracées

Cette vaste famille est essentiellement centrée sur les Tropiques, comme les orchidées. Pas étonnant que nombre d'entre elles soient bien adaptées à la culture hydroponique sur paroi.

**Points forts / points faibles** : les aracées comptent parmi les meilleures plantes épiphytes qui soient et elles réagissent très bien aux conditions que leur offre un mur hydroponique. Mais elles peuvent devenir envahissantes. D'autres espèces sont sensibles à la pourriture, et un accident thermique (une baisse de température durant plusieurs journées d'affilée) peut les endommager :

**Soins** : pincez les espèces poussant comme des lianes. Taillez-les sévèrement s'il le faut. Évitez de les planter trop à l'humidité et placez-les à bonne distance des sources lumineuses chaudes.

1

- ***Alocasia*** **1** : ces « oreilles d'éléphant », comme on les appelle parfois, ne volent pas leur surnom en ce qui concerne *A. macrorrhiza*, car elles peuvent atteindre 80 cm de long ! La plante, paradoxalement, n'est pas si encombrante car elle forme une sorte de tronc court. Vous aurez intérêt à le rabattre lorsque les feuilles deviendront trop grosses. Le tronc se divisera et les feuilles formées seront plus petites. *A. plumbea* est un peu plus petit, certaines variétés ayant des feuilles ornementées. *A. sanderiana* et *A. amazonica* sont des cousins différents, formant des feuilles aiguës d'un vert sombre aux nervures gris pâle très graphiques. Ils restent de petite taille et valent la peine d'être cultivés.

2

- ***Anthurium*** **2** : on connaît surtout ces plantes (*A. andreanum*) pour leurs spathes très vivement colorées de rouge ou de rose, à tel point qu'on les utilise en bouquetterie. Mais chaque pied produit peu de fleurs et il en faut une masse importante pour produire un effet intéressant. Les racines charnues sont sensibles à la pourriture. Une fois bien installée, la plante fleurit très longtemps. À réserver aux grandes installations. En revanche, d'autres espèces d'*Anthurium* sont de véritables joyaux, comme *A. crystallinum*, au dessin argenté sur chaque feuille.

- *AGLAONEMA* 3 : parfois abrégés en « aglaos », ces plantes à feuillage sont assez proches des *Dieffenbachia*, à ceci près qu'ils font plus appel à l'argenté qu'au blanc. Ils correspondent bien aux conditions offertes par un mur pas trop éclairé, puisque ce sont sans doute les plantes les plus résistantes à l'ombre, en intérieur. Vous pouvez donc choisir d'en faire le composant principal d'une installation pour laquelle vous avez préféré limiter les apports de lumière artificielle (qui, rappelons-le, est presque toujours indispensable). Il peut être judicieux d'installer les plantes à l'horizontale afin de les inciter à former une touffe plus dense, plus ramifiée.

- CALADIUMS 4 : ces superbes plantes à feuillages se reconnaissent sans peine par leurs larges macules rouges, accompagnées de ponctuations blanches. Ce sont des plantes sensibles à l'humidité stagnante, et sûrement pas les plus faciles à cultiver sur un mur végétal. Choisissez une plante en végétation plutôt que les bulbes, qui sont de mauvaise qualité. La plante déteste les hivers frais et elle pourrit facilement.

- *SCINDAPSUS* (OU « POTHOS » OU *EPIPREMNUM*) : ces lianes vigoureuses sont couramment utilisées comme plantes d'intérieur. *S. aureus* possède des feuilles maculées de jaune, qui peuvent illuminer une composition. Mais cette plante est très vigoureuse et dépourvue de floraison, ce qui peut se révéler lassant à la longue. Elle peut aussi se dégarnir de la base. La variété 'Marble Queen' 5, presque blanche, pousse très peu et apporte une touche très claire. *S. pictus* 'Argyraeus' est un autre pothos à feuilles ponctuées d'argent, très délicat, et qui se développe avec modération. À utiliser en couvre-support.

1

2

- ***Syngonium*** **1** **:** souvent confondus avec les *Scindapsus* auxquels ils ressemblent un peu, les *Syngonium* s'en distinguent par une végétation bien plus mesurée et trapue, ce qui les rend plus intéressants. 'Regina Red' possède des feuilles avec des nuances subtiles d'orange cuivré tandis que 'Neon' est franchement rose. Ces deux variétés constituent un très bon choix.

- ***Nephtytis afzelii*** **:** ce cousin miniature des anthuriums forme une petite touffe de feuilles en triangle parfait et des fleurs vertes. Si ces dernières sont insignifiantes, elles donnent lieu à une grappe de baies oranges persistant une année entière et qui peuvent être semées ensuite.

- **Philodendron (ou *Monstera*)** **2** **:** impossible de n'avoir jamais croisé ses grosses feuilles curieusement trouées ! Comme les passiflores, il s'agit d'une géante mal adaptée aux parois hydroponiques, qu'elle couvre en un clin d'œil. *P. selloum*, un peu plus petit, pose le même souci. Ne vous laissez pas attraper par des petits plants de philodendron. Ils pousseront au-delà de vos espérances, et très vite si les conditions leur plaisent. Ce genre de plantation ne peut être envisagé que si le mur est peu lumineux, car ils y pousseront moins vite. Les autres espèces de philodendron sont en revanche plus intéressantes, mais rares. *P. erubescens* 'Red Emerald' garde des petites feuilles mais pousse en longueur : pincez-le régulièrement.

**ATTENTION**

**À NE PAS PLANTER**

Évitez **les aracées à tubercule** (taros, *Xanthosoma* entre autres). En période de végétation, les tubercules vont proliférer sur la paroi. Mais ils ont besoin d'une période de dormance, plus au sec, durant l'hiver. Laissés en place sur le mur, ils pourriraient à coup sûr et ne repartiraient pas.

## Les palmiers

Autant le dire de suite : la végétalisation de parois en intérieur se montre peu adaptée aux palmiers. Si ceux-ci ne manquent pas d'atout sur le plan visuel, ce sont souvent des géants. Il faudra donc se focaliser sur les petites espèces. Vous pourrez alors profiter de leur inimitable feuillage dans de bonnes conditions.

**POINTS FORTS / POINTS FAIBLES** : le principal avantage des palmiers tient à la luxuriance de leur feuillage. Rarement coloré, il se hisse avec grâce au-dessus du lot. Ces plantes poussent facilement, à tel point que cela en devient un inconvénient. Les racines sont parfois sensibles à l'humidité stagnante en hiver, ce qui peut aussi occasionner des problèmes.
**SOINS** : une fois installés, les palmiers n'ont besoin que d'un nettoyage périodique des feuilles flétries. Il n'est guère possible de limiter leur végétation.

- *CHAMAEDOREA* 3 : parfois surnommés palmier-mimosa à cause de leurs fleurs en petites boules jaunes, les *Chamaedorea* ne forment pas de véritable tige et gardent des dimensions raisonnables. Leurs palmes ressemblent à celles de nombreux autres palmiers, en peignes gracieux, de couleur vert sombre. Ils aiment la mi-ombre et se contentent de peu de lumière. Ces palmiers constituent donc d'excellentes plantes à installer sur une composition murale. Le plus courant, *C. elegans*, pousse en touffettes et fleurit régulièrement. Mais vous pourrez trouver – en cherchant bien – d'autres espèces d'allure différente, comme *C. siefritzii*, aux divisions plus larges et se développant en touffes peu fournies. *C. metallica* forme des palmes divisées en deux lobes entiers seulement. Ces espèces ont l'avantage de conserver une silhouette nette, qui ne sera pas ensevelie dans les nombreux rejets de la base.

3

- *LIVISTONIA* 4 : à l'état jeune, cette espèce forme des palmes entières découpées en lanières à leur périphérie, d'un beau vert lumineux. Il s'agit d'une grande espèce mais dont la croissance est si lente qu'elle autorise sa culture sur un mur. C'est cette pousse modérée qui explique aussi le prix auquel vous le trouverez dans le commerce ! Il aimera une situation lumineuse mais non brûlante : prenez garde à ne pas trop l'approcher de l'éclairage. Le *Licuala* a des palmes un peu semblables quoique moins découpées. Ses caractéristiques le destinent davantage que le *Livistonia* à la culture sur mur mais cette espèce se trouve difficilement.

4

## ATTENTION

**DES GÉANTS**

**La plupart des palmiers vendus comme plante d'intérieur ne conviennent pas** à un usage sur un mur. C'est notamment le cas du *Caryota*, du *Kentia*, du *Washingtonia* et du *Chrysalidocarpus*. Si néanmoins vous souhaitez essayer de jeunes sujets, apprêtez-vous à devoir les supprimer (en coupant les palmes à la base) dès qu'ils deviendront trop grands.

**Plantes voisines :** bien que très différentes sur le plan botanique, certains végétaux ressemblent à s'y méprendre à des palmiers. C'est le cas notamment du sagoutier (*Cycas revoluta* 1) : sa couronne de feuilles épaisses ressemblant à des peignes géants ne passe pas inaperçue. Peu exigeant en lumière, le cycas craint surtout l'humidité permanente. Installez-le dans une composition pas trop humide, à l'écart des goutteurs les plus généreux. Il pousse extraordinairement peu et peut rester plusieurs années sans former de nouvelles feuilles.

Plus difficiles à trouver, les *Carludovica* ressemblent à de jeunes palmiers, qui ne formeraient que des palmes divisées en 5-6 segments, élégamment plissés. Ces végétaux sont particulièrement bien adaptés à la culture en hydroponie et seule leur rareté en restreint l'usage.

## À SAVOIR

**COCOTIER À LA NOIX**

**Le cocotier**, que l'on trouve souvent sous forme de noix de coco germée, **n'a aucune chance de durer sur une paroi**. Soit il périclitera, soit il poussera tant qu'il en détruira la composition. Les noix évidées peuvent par contre servir de contenant « exotique » pour façonner une niche à orchidée à flanc de mur, par exemple.

## Les plantes colorées

Que ce soit par leurs fleurs ou leurs feuilles, la sélection qui suit est destinée à aviver une composition. Notez que les plantes à feuillage coloré sont souvent préférables aux plantes à fleurs, car la floraison est parfois difficile à obtenir sur un mur. La raison provient par exemple du manque de bonnes conditions pour fleurir (durée de l'exposition lumineuse, etc.).

**POINTS FORTS / POINTS FAIBLES** : les plantes colorées permettent de relever un ensemble qui aura tendance à devenir très uniforme, surtout si quelques types de plantes prennent le dessus (comme l'helxine ou le lierre). Mais certaines sont si vives qu'il faut bien songer à leur emplacement sous peine d'arriver à un résultat un peu trop bariolé !

**SOINS** : aucun, si ce n'est couper les feuilles mortes et les inflorescences fanées. Vérifier régulièrement les attaques de pucerons et de cochenilles sur les plantes à feuillage.

- **ACANTHACÉES :** plantes herbacées, souvent cultivées en tant que plante d'intérieur, offrant de nombreuses plantes à fleurs colorées. Les plus adaptées à la culture sur paroi : *Beloperone* (la plante-crevette, aux épis de couleur jaune-saumon 5), *Crossandra* (à épis jaunes très symétriques et feuilles sombres 2), *Jacobinia* (formant des gros pompons roses), *Justicia* (aux longues fleurs en tube rose ou rouge), *Pachystachys* (aux énormes épis jaune vif). **D'autres membres de cette famille** valent non pas pour leur floraison mais pour leur feuillage, qui se distingue souvent par un motif réticulé ou veiné. C'est notamment le cas des *Fittonia* (petites plantes tapissantes à feuilles finement réticulées de rose, de blanc ou de rouge 3 4), et des *Strobilanthes* (particulièrement *S. dyerianus*, au feuillage rose-indigo superbement veiné).

2

3

4

5

- **Hypoestes** 1 : tombées en désuétude depuis quelques années, ces plantes herbacées possèdent des feuilles vivement éclaboussées de rose ou de rouge, ce qui permet de relever une composition. Elles ne coûtent pas grand-chose et les conditions hydroponiques leur vont très bien. Pincez-les très régulièrement afin de les inciter à former des feuilles plutôt que des fleurs (d'insignifiants épis).

- **Alternanthera** 2 : souvent employées comme plantes d'aquarium, ces petites plantes tendres et proches des précédentes peuvent comporter des feuilles très vivement colorées. Le feuillage d'*A. brasiliana* est d'un bordeaux très vif. Elle demande à la fois beaucoup de lumière (sans quoi elle serait moins colorée) et un emplacement parmi les plus humides, à proximité des goutteurs. Il est aussi possible de la placer en bas de composition (souvent détrempé), si cette partie reçoit beaucoup de lumière.

- **Gynura** 3 : une fois que vous l'aurez croisé, vous ne pourrez l'oublier. Le gynura est couvert de poils violets, qui jouent avec la lumière et selon l'angle sous lequel on le regarde. Il sera parfait pour donner de la couleur à une zone un peu sèche. Une fois en place, il pousse à merveille. Coupez les boutons floraux, car la fleur est sans intérêt et d'odeur désagréable. Le *Mikania*, moins coloré, a des caractéristiques et des exigences très similaires.

- **RHOEO :** un peu charnue, cette plante en rosette (*R. spathacea*) forme des feuilles au revers violet, très appréciables lorsque la plante est située en partie haute de la composition. Elle supporte à peu près toutes les conditions, du moment qu'elle bénéficie d'une bonne luminosité. On peut donc l'installer près des sources lumineuses. Il en existe une variété panachée (striée de jaune) dont l'effet n'est pas forcément très heureux. Plus rare, *Siderasis fuscata* 4 forme une rosette plus étalée, de feuilles poilues. Ses exigences sont similaires.

- **BÉGONIAS 5 :** ces plantes à feuillage apprécient les conditions de l'hydroponie verticale. Toutes les variétés d'intérieur peuvent s'envisager dans cette situation, depuis les 'Rex' aux feuilles énormes 6, jusqu'aux espèces à petites feuilles (comme *Begonia bowerae* 7) en passant par les « bégonias escargots » (à feuilles enroulées en spirale). Les espèces succulentes réussissent moins bien, sauf si le substrat se ressuie bien. Tous poussent lentement sans poser de souci, à une seule exception. Ces plantes détestent recevoir des gouttes d'eau ruisselant des plantes situées en surplomb, qui fait pourrir leurs feuilles en peu de temps. Les poches supérieures doivent donc être bien réalisées.

4

5

**À SAVOIR**

**D'AUTRES COULEURS**
Pensez aussi à employer les broméliacées, dont certaines possèdent des feuilles toujours colorées (voir page 134).

6

7

5

## Les plantes succulentes

Hé oui, les cactées et consorts peuvent prendre place sur une paroi végétalisée ! Du moins un petit nombre d'entre eux, parmi les espèces inféodées dans leur milieu naturel à un environnement très humide, proche des conditions offertes par l'hydroponie en intérieur. Ces plantes seront recherchées pour leur port et leur allure particulière, même s'il ne faut pas vous attendre à faire pousser des boules hérissées d'épines !

**POINTS FORTS / POINTS FAIBLES** : étant donné que leurs tissus sont naturellement riches en eau, toutes les plantes présentées apprécieront que le support ne soit pas détrempé en permanence. Elles permettent d'exploiter des parties mal irriguées par les goutteurs (en nombre insuffisant à un endroit par exemple).
**SOINS** : lorsqu'elles sont installées et se mettent à pousser, elles ne demandent qu'une petite taille ; c'est l'occasion de les bouturer, en fichant simplement des brins dans la nappe, entaillée au préalable au cutter !

1

- ***RHIPSALIS*** 1 **:** peu cultivés chez nous, les *Rhipsalis* (parfois aussi appelés *Lepismium*) sont de singuliers cactus. Leur port s'apparente à une masse de très fines tiges retombantes, parfois couvertes de poils. Ils ne piquent jamais et fleurissent facilement, formant alors des boules qui les font parfois ressembler à du gui. Vous trouverez le plus souvent *R. pilocarpa*, très résistant, et *R. cappiliformis*, aux rameaux fins et très denses. Les *Rhipsalis* ont besoin d'un substrat toujours humide. Placez-les plutôt en partie haute, si possible dans une poche faisant promontoire. Les fins rameaux retombants auront ainsi plus d'allure. Ils poussent si facilement dans la nappe horticole qu'on peut les bouturer en place à coup d'agrafeuse !

2

- ***HATIORA*** 2 **:** son nom d'espèce, *H. salicornoides*, suggère bien son allure, puisqu'on jugerait avoir affaire à un plant de salicorne. Ce cactus forme une petite touffe de 30 cm environ, composée de petits rameaux charnus complètement nus. Toute situation sur la paroi lui conviendra et il ne demande aucun entretien. Ce genre, ainsi que le précédent, est fortement recommandé pour figurer dans une composition foisonnante.

- **PERESKIA 3 :** ces cactus forment de longues tiges dressées à la façon d'un petit buisson (pouvant atteindre près de 1 m), avec de vraies feuilles mais aussi… de vrais aiguillons, parfois méchants. Leur avantage tient à leur floribondité puisqu'en situation convenable, ils produisent de larges fleurs roses, très décoratives. Ils aimeront une situation lumineuse et si possible pas trop détrempée. Comme il s'agit de plantes pouvant devenir assez hautes, il sera nécessaire, de temps à autre, de réduire leur végétation en coupant les rameaux de moitié.

- **CEROPEGIA 4 :** on rencontre plus spécialement une espèce, *C. woodii*, souvent vendue sous le nom de chaîne-des-cœurs. Son nom est effectivement mérité puisque la plante forme de longues tiges fines retombant comme des fils et portant de petites feuilles argentées en forme de cœur, très espacées. C'est une plante élégante qui mérite d'être placée sur une protubérance sur le mur afin que son port retombant se détache sur le reste. Elle ne s'enracine pas aux nœuds mais forme des tubercules aériens qu'il suffit de coincer dans une poche pour les faire démarrer. Réservez-la à la partie la plus sèche et pas trop loin de la source lumineuse.

- **KALANCHOE 5 :** les variétés à petites feuilles sont souvent cultivées en intérieur car elles se contentent de peu. Celles qui nous intéressent ici sont vivipares : elles forment des plantules sur le pourtour des feuilles. Adaptées à un mur très lumineux (elles ne craignent pas les excès d'éclairage), elles n'ont pas en hydroponie le port harmonieux qu'on leur connaît en pot. D'autre part, les plantules peuvent devenir envahissantes et sont sensibles aux ravageurs (les cochenilles farineuses en particulier). À utiliser avec modération.

3

4

5

**ATTENTION**

**REFUS DE FLORAISON**

Il existe de très **nombreux cactus dits « épiphytes »**, qui exigent une culture sur substrat poreux ; ils sont très appréciés pour la taille de leur fleur. Ce sont les *Epiphyllum*, *Schlumbergia* (cactus de Noël), *Rhipsalidopsis* (cactus de Pâques), *Epicactus*, *Selenicereus*, etc. Bien qu'il soit tentant d'en installer un sur un mur en hydroponie, vous risquez d'être déçu. Les plantes pousseront bien (dans les parties les plus sèches et les plus lumineuses) mais privées d'hivernage, elles ne fleuriront guère.

## Les arbustes

Cette catégorie, en intérieur, est très étendue. Pour la végétalisation de murs, il faudra resserrer la sélection car leur port n'est pas très adapté.

**Points forts / points faibles** : intéressants pour donner du volume à une composition, les arbustes peuvent aussi la déséquilibrer. Il ne faut donc pas en abuser. Mais ils ont l'avantage de bien pousser et de fournir une végétation foisonnante, permettant à la composition de former une émergence végétale sur le mur. Notez que la plupart sont toxiques (voire très toxique) ; toutefois leur âcreté rend leur ingestion peu probable.

**Soins** : comme la masse végétative est plus importante que celle des plantes herbacées, les arbustes sont plus sujets aux maladies, étant donné que les indésirables s'y installent plus discrètement. Inspectez régulièrement le feuillage à la recherche d'éventuel problème et en cas de doute, reportez-vous à la page 116. S'ils deviennent trop imposants et déséquilibrent la composition, vous n'aurez d'autre choix que de les tailler. Pour éviter cela, vous pouvez étêter les pousses afin de les forcer à pousser plus en largeur qu'en hauteur. Notez qu'un éclairage insuffisant les incitera à s'étirer davantage que la normale.

1

- **Ficus** 1 : les figuiers d'appartement ont, sur une paroi végétalisée, peu d'intérêt même s'ils en apprécient les conditions. Ils deviennent très grands et peuvent se montrer incontrôlables. Vous pouvez en revanche implanter un « figuier ginseng » (*Ficus microcarpa*) qui forme un bonsaï élégant et aux racines très charnues, à la condition de le tailler très sévèrement.

2

- **Hibiscus** 2 : l'hibiscus à fleurs (*Hibiscus rosa-sinensis*) pourra être cultivé sur un mur pour ses fleurs très sophistiquées, et de couleur délicate chez les variétés hybrides. C'est un arbuste sensible, qui perdra ses feuilles au moindre stress, et qui est assez sensible aux parasites (cochenilles à carapace, en particulier). Placez-le dans un endroit non détrempé, assez lumineux. Une fois installé, la plante fleurit sans discontinuer, et il suffit d'étêter les pousses pour le forcer à garder un port trapu. Choisissez un sujet aussi petit que possible car plus ils sont grands, et plus la déplantation les stresse.

- **CROTONS** 3 : appartenant au genre *Codiaeum*, les crotons se reconnaissent au premier coup d'œil par leur feuillage très lumineux, souvent jaune, et de forme irrégulière. Ces arbustes peuvent être installés sur une paroi végétalisée car leur développement est très lent, sinon capricieux. Placez-les plutôt en centre de composition, là où la nappe horticole est humide et l'éclairage plutôt abondant. Soignez la transplantation, car les plantes ont tendance à mal réagir à un stress (elles peuvent perdre leurs feuilles). Préférez des plants jeunes, pourvues de pousses vigoureuses. N'hésitez pas à en pulvériser le feuillage dans un premier temps. Les crotons sont un peu exigeants au début (ils peuvent perdre leurs feuilles à cause du stress), mais ces efforts en valent la peine.

3

- ***DRACAENA*** 4 : ce genre regroupe des plantes très populaires, dont les fameux « lucky bamboo » (*Dracaena sanderiana*), vendus sous forme de cannes coupées à garder dans l'eau. Les autres espèces cultivées en intérieur sont aussi très intéressantes, tant par leur aspect régulier que par leur bon caractère. Les *Dracaena* constituent en effet de très bonnes plantes de paroi, préférant les zones lumineuses mais non brûlantes. Leur seul point faible tient à leur végétation, qui finit par déséquilibrer la composition. Il suffira alors de les couper à ras. Notez que vous pouvez directement placer des boutures de tige dans une percée effectuée dans la nappe. Les fragments s'y enracineront en quelques semaines. À noter une très intéressante variété à port rabougri, *D. deremensis* 'Compacta', qui pousse peu et se montre d'une résistance sans égal. Enfin, les *Cordyline*, des plantes très voisines et souvent confondues avec les *Dracaena*, se traitent de la même façon. Leurs feuilles sont plus larges et elles se ramifient moins. À réserver aux grandes installations.

4

- ***ARDISIA*** 5 : ce petit arbuste à feuilles sombres et épaisses produit chaque année une profusion de petites baies rouges qui le rendent très attrayant. Placez-le plutôt en partie basse, à l'écart des grands flux lumineux. Comme il n'est pas très garni de la base, il faudra penser à l'accompagner d'une plante tapissante au pied.

5

- **Schefflera :** très cultivé en intérieur, on le reconnaît à ses feuilles palmées en forme de petites ombrelles. Il existe de nombreuses variétés à feuilles panachées de blanc ou de crème, qui n'apportent pas grand-chose à la plante. Très bien adapté à la culture sur paroi végétale, le *Schefflera* a l'inconvénient de se dégarnir vite et vieillit mal. C'est une plante à tailler souvent. Le *Fatsia* et le *Fatshedera*, appartenant à la même famille botanique, ont un feuillage plus volumineux mais un port plus bas. Leurs exigences sont identiques à celles du *Schefflera*.

- **Polyscias :** de la famille du lierre, ces végétaux forment à l'âge adulte des arbres, mais restent chez nous de taille modeste. *P. filicifolia* forme des feuilles très découpées et délicates ressemblant à des fougères. Il apportera de la légèreté à un ensemble de feuillages larges. *P. scutellaria* a au contraire un feuillage en forme de cuillère, à bords crénelés. Tous deux ont un port raide et ont tendance à se dégarnir de la base. Taillez-les régulièrement dès que leurs pousses deviennent encombrantes.

**À SAVOIR**

**LES LIMITES DES ARBUSTES D'INTÉRIEUR**

Un tour d'horizon des végétaux vendus comme plantes d'intérieur vous permettra de découvrir d'autres arbustes, comme les caféiers, les *Dizygotheca*, les *Pachyra* ou les *Radermachera*. Ils peuvent très bien survivre sur un mur en hydroponie, mais ils poseront forcément à terme un problème d'encombrement. Vérifiez bien l'aptitude de la plante à supporter un rabattage régulier (une taille à ras) : le *Pachyra* ne peut par exemple pas le supporter. Pensez aussi à l'esthétique discutable des arbustes ainsi entretenus, à la longue...

*Impatiens velveta* fait partie des plantes à feuillage, mais son port ramifié et très droit la classerait plutôt dans les plantes arbustives. C'est une variété très intéressante pour l'ombre, qui apprécie les parties basses et détrempées.

## Les plantes architecturales

Alliées des intérieurs modernes, les plantes architecturales correspondent à des végétaux aux lignes épurées et bien dessinées. On peut leur reprocher une certaine raideur ou au contraire une épure intéressante : c'est affaire de goût !

**POINTS FORTS / POINTS FAIBLES** : les plantes graphiques ayant souvent des feuilles réduites, elles correspondent pour beaucoup à des plantes de milieu sec et très lumineux. La plupart devra donc bénéficier d'un emplacement correct sous peine de déboire. Mais une fois installées, elles poussent sans souci.

**SOINS** : enlevez les feuilles flétries régulièrement. Sur les espèces dont la floraison n'est pas intéressante, coupez les jeunes inflorescences à leur plus jeune stade. La plante pourra alors se consacrer à la formation de nouvelles feuilles.

1

- **BEAUCARNEA** 1 : le pied d'éléphant (*Nolina recurvata*) est facilement reconnaissable à son pied renflé surmonté d'une tignasse de longues feuilles coriaces portées par un court tronc. De croissance lente, il apporte du foisonnement à une composition, pourvu qu'il dispose d'un coin aussi peu humide que possible et proche des sources lumineuses. Sa silhouette particulière se détachera alors du reste. Préférez les petits sujets, disponibles à tous les prix.

- **SANSEVIÈRES** : les « langues de belle-mère » (*Sansevieria trifasciata*), de texture coriace et au port raide, sont de vraies plantes architecturales puisqu'elles poussent à la verticale. La forme 'Variegata' est marginée de jaune, ce qui renforce ses lignes. Elles exigent une situation peu humide et une forte intensité lumineuse. Elles poussent lentement. La très graphique *S. cylindrica* n'est en revanche pas très adaptée à la culture en hydroponie verticale, à moins de lui trouver une zone très peu irriguée. L'humidité continue est son plus grand ennemi, avec le manque de lumière.

**ASTUCE**

**POUR PLUS D'EFFET**

Les plantes architecturales ont plus de **présence** lorsque leur environnement **contraste avec leur forme.** Elles se détachent bien d'un tapis d'helxine, de figuier rampant ou autres plantes tapissantes. Pensez à opposer les formes pour leur donner plus d'importance, si vous souhaitez les mettre en valeur.

- **PAPYRUS 2 :** le faux-papyrus (*Cyperus alternifolius*), bien connu en intérieur, pousse vite et bien. Pas trop exigeant en lumière, il appréciera l'endroit le plus humide de la composition, donc plutôt vers le bas. Une espèce miniature mais adorable, *C. haspan*, demande un peu plus de lumière. En revanche le vrai papyrus (*C. papyrus*) est trop encombrant pour cette situation. De plus, il exige de l'eau stagnante au pied et pas seulement un milieu humide. Il existe bien d'autres espèces de *Cyperus*, qui peuvent être envisagées en mur intérieur (voire en extérieur, si l'endroit est très abrité).

- **BANANIERS 3 :** leurs grosses feuilles veloutées, portées par un (faux) tronc compose un dessin très exotique dans une composition. La grande majorité des plantes du genre Musa devient très encombrante. Choisissez un bananier nain (comme 'Super Dwarf Cavendish'), qui ne deviendra pas trop grand (80 cm tout de même). Il aura besoin d'un coin pas trop humide, mais très lumineux : c'est une plante à placer en milieu de composition, là où il pourra se singulariser.

- ***MARANTA* 4 :** populaires en intérieur, les marantas forment des feuilles arrondies dessinées de façon très géométrique. *M. leuconeura* constitue une excellente plante de paroi végétale, qui ne pousse pas très haut (40 cm au plus) mais se répand en largeur. *Ctenanthe burle-marxii* est une plante de végétation voisine avec laquelle on la confond souvent. Celle-ci est l'un des plantes de composition verticale les plus résistantes qui soient. Les *Calathea,* quant à eux, se développent en hauteur, avec un feuillage aussi bien dessiné. Leur taille un peu excessive les destine aux grandes compositions, lumineuses. Mais elles poussent si bien en hydroponie qu'on leur trouve toujours une place.

## Les insolites

Appartenant à diverses familles botaniques, elles ont en commun de sortir de l'ordinaire. Elles ne sont pas toujours rares, mais elles ont une particularité qui devient un sujet de conversation pour les amis.

**Points forts / points faibles** : certaines peuvent être difficiles à trouver, dans la mesure où il faut plus compter sur la chance pour en obtenir. Notez que curiosité ne rime pas forcément avec beauté ; il ne faut pas trop abuser des plantes insolites, sauf à employer des variétés passe-partout qui les « dilueront » dans la composition.

**Soins** : les plantes sélectionnées ne posent pas trop de problème de croissance une fois en place. Ce sont quasiment toutes des tropicales. Il faudra veiller à pulvériser le feuillage des plus délicates.

1

- *Tacca chantrieri* 1 : appelée « plante chauve-souris » ou moustaches-de-chat, cette plante aux feuilles de *Spathiphyllum* développe des fleurs extraordinaires. D'un large calice noir pendent de longs filaments, de couleur sombre. Cette plante graphique pousse bien en atmosphère moite. On la trouve en gros sujets dans le commerce, mal adaptés à la culture sur mur.

2

- *Dorstenia* 2 : botaniquement proche des figuiers, les dorsténias n'ont pas grand-chose en commun. Leur intérêt, outre leur facilité de croissance et leur faible exigence en lumière, tient à ces curieuses inflorescences en forme de gueule de monstre. Elles fleurissent et se ressèment volontiers (voire parfois un peu trop). Vous trouverez plus facilement *D. contrajerva*, une espèce de petit développement (15 cm de haut). Placez-la dans une zone moins humide.

**ASTUCE**

**SURNOMBRE À LIMITER**

Parmi la sélection présentée ici, certaines se montrent très prolifiques une fois en place. **Éliminez les rejetons au fur et à mesure** lorsque vous estimerez qu'il y en a trop.

- ***Nepenthes*** **3** : ces grandes lianes carnivores (de mouches seulement !) produisent un fort intérêt visuel, avec leurs urnes pendantes au bout de longues feuilles vernissées. Elles demandent beaucoup de chaleur et une fertilisation très modérée. Préférez les hybrides, car ce sont les plus robustes et les plus colorés. Brumisez la plante peu après son installation.

3

- ***Dischidia*** : cette petite liane forme des feuilles creuses en forme d'outre. Son look n'est pas spectaculaire mais prend de l'intérêt lorsqu'on imagine que dans la nature, ces cavités sont peuplées par des fourmis (ce qui ne peut arriver chez nous). Elle produit de petites fleurs rouges qui se détachent bien sur le reste de la plante.

- **Ornithogale** **4** : chez les marchands de plantes succulentes, vous trouverez *Ornithogalum caudatum* (ou *O. longebracteatum*). C'est l'un des seuls bulbes à pouvoir pousser sur une paroi végétale. Il se présente comme un petit melon vert surmonté de feuilles d'un vert très vif. Il produit une inflorescence de petites fleurs vert blanchâtre, donc peu colorée mais de durée exceptionnelle ; la plante peut fleurir plus de deux mois d'affilée, l'inflorescence s'allongeant sans cesse et pouvant atteindre un mètre. La plante forme de nombreux bulbes à la périphérie.

4

- ***Streptocarpus*** **5** : les espèces couramment cultivées forment de belles fleurs mauves ou blanches ressortant bien de la rosette de longues feuilles. Mais une espèce, *S. wendlandii*, à bien chercher, ne forme qu'une seule feuille au cours de sa vie. Celle-ci pousse indéfiniment, ne s'étendant que d'un côté, tandis que les fleurs naissent de l'autre. Une vraie singularité, de culture facile, mais encombrante...

- **Plantes carnivores** : étant donné que ces plantes nécessitent un milieu très humide, elles devraient être bien adaptées à la culture sur nappe horticole. Mais elles sont inféodées à des eaux très pauvres et entièrement dépourvues de calcaire. Aussi, mis à part le *Nepenthes* (voir ci-dessus) ou encore les grandes sarracénies, il sera difficile d'en maintenir quelques-unes, à moins d'adapter la fertilisation du système à leurs besoins.

5

## En résumé
## Les meilleurs plantes pour l'intérieur

### S'il ne fallait garder que les meilleures, voici notre « Top 10 » :

- Broméliacées *(Cryptanthus, Vriesea...)*
- *Davallia*
- *Ficus repens*
- *Hypoestes*
- *Maranta*
- *Pellonia*
- *Phlebodium*
- *Pilea*
- *Rhipsalis*
- *Syngoniums*

### Sélection de plantes faciles

- Bégonias
- *Cyperus alternifolius*
- *Dracaena*
- *Helxine*
- « Misères » *(Rhoeo, Setcreasea...)*
- *Ornithogalum caudatum*
- *Peperomia*
- *Schefflera*
- *Spathiphyllum*
- *Tillandsia usneoides*

### Sélection spéciale pour l'ombre

- *Adiantum*
- *Aglaonema*
- *Ardisia*
- *Episcia*
- *Fasthedera*
- Lierres
- *Ludisia*
- *Philodendron*
- *Scindapsus*

### Les plantes qu'il faut absolument éviter

Les espèces suivantes sont intolérantes à la culture sur paroi végétale mélangée car elles ont des besoins spécifiques rendant leur culture incompatible avec une irrigation continue :

- Agrumes
- Cactées globulaires
- *Clivia*
- Cyclamen
- *Jatropha* (plante-bouteille)
- Palmier de Madagascar *(Pachypodium)*
- Rose du désert *(Adenium)*
- *Zamioculcas*

Les Broméliacées du genre *Guzmania* (ici, *G. monostachya*) font partie des plantes faciles à cultiver, comme beaucoup de membres de ce groupe.

# EN EXTÉRIEUR

Contrairement à une installation en intérieur, il n'est pas possible de maîtriser la quantité de lumière arrivant sur une composition d'extérieur. En particulier, il n'est pas possible de l'augmenter (à moins de déployer de grands moyens). La diminuer à l'aide de plantes faisant écran ou d'un ombrage reste délicat. C'est la raison pour laquelle nous avons choisi, dans cette section, de vous présenter les végétaux utiles non pas en fonction de leur type mais de leur sensibilité vis-à-vis de la lumière. **Il faut adapter le choix des végétaux à la disposition des lieux et non l'inverse**, si vous souhaitez arriver à un résultat satisfaisant sur le plan esthétique.

Les plantes qui vous sont présentées constituent une liste non exhaustive des végétaux pouvant être cultivés sur une paroi végétale. Nous avons limité notre sélection aux espèces et variétés qui se plairont bien au sein d'une culture hydroponique verticale ; elles devraient ainsi vous donner satisfaction. Vous pourrez bien sûr tester d'autres plantes si vous vous attachez à un groupe particulier.

Notez à ce propos que la rusticité des plantes, pour des raisons évoquées page 92, est moindre sur une paroi qu'en pleine terre. Il ne faut donc pas tenir compte de la rusticité habituelle des plantes, mais des températures qu'elles auront à affronter. Ainsi, en ville et dans un lieu très abrité, il sera possible d'inviter quelques plantes d'intérieur solides (comme l'*Aspidistra*, le *Chlorophytum* ou nombre de plantes dites « de véranda »). À l'inverse, certaines plantes habituellement rustiques (comme les hémérocalles) pourront souffrir de situations froides et très ventées, pouvant aller jusqu'à causer leur perte.

ATTENTION

**ANNUELLES À FLEURS, À ÉVITER !**

Il sera très facile de glisser quelques plantes de balconnières au printemps dans une composition. Les pétunias, bidens, plectranthes (ci-contre), héliotropes, patates douces à feuilles colorées et toutes les autres plantes de cette catégorie raffolent des conditions hydroponiques. Elles seront très prolifiques durant la saison, pas de doute là-dessus. Mais arrivée la première gelée, il ne restera rien de cette profusion. Leurs tissus tendres se transformeront bien vite en salade cuite, dès le début de l'hiver. Résultat : après un été flamboyant, il faudra supporter des emplacements nus pendant tout l'hiver, jusqu'à ce que l'on puisse à nouveau implanter de telles variétés, au printemps suivant. C'est beaucoup de contraintes pour que la composition soit présentable durant une partie de l'année seulement. C'est pourquoi nous conseillons fortement les vivaces et les arbustes !

**ABUTILON 1 :** ce genre aux fleurs exotiques de la famille des hibiscus comporte quelques formes semi-rustiques aimant l'humidité, donc bien adaptée aux zones littorales ou aux expositions abritées. *A. megapotamicum* forme des fleurs pendantes bicolores jaunes et rouges tout à fait charmantes. Il en existe une variété à feuilles panachées ('Variegata'). À implanter plutôt dans la moitié supérieure. Placez une plante à port bas à proximité car cet abutilon forme de longues tiges mais ne couvre pas le support.

1

**ACAENA 2 :** minuscules plantes tapissantes à feuillage grisé ou argenté, les acaenas ne dépassent pas 5 cm de haut. Elles forment après la floraison (insignifiante) de curieuses boules d'épines cuivrées, très décoratives. On rencontre surtout *A. caesiglauca*, qui pousse assez vite. À utiliser dans un coin pas trop humide mais lumineux.

2

**ACORES :** bien qu'elles appartiennent à la famille botanique de l'arum, ces plantes sont souvent prises pour des graminées. On rencontre surtout *Acorus calamus* 'Variegatus' 3, qui forme de belles touffes hautes de plus de 30 cm, avec un feuillage en rubans verts et jaunes. Une autre variété, *A. gramineus* 'Pusillus' forme au contraire un gazon ras de petites lanières vert sombre. Elles peuvent se maintenir dans des endroits sombres, à condition de ne pas manquer d'eau ; ce sont des plantes à installer tout en bas de la composition. Prévoir une forte densité de plantation car ces plantes poussent très lentement.

3

**ADIANTUM :** appelée « capillaire » ou « cheveux d'ange », cette fougère aime à la fois l'humidité et de fortes lumières. Il s'agit d'une des espèces les plus gracieuses, portant des segments entiers au bout de rameau filiformes, ondulant au moindre souffle. *A. capillus-veneris* est la plus rustique de toutes, puisqu'elle peut tenir jusqu'à -8 °C environ. Elle mérite d'être essayée car elle apprécie les conditions de paroi végétale. Elle se retrouve spontanément au sein de telles formations dans la nature. C'est aussi l'une des rares espèces à tolérer une eau très calcaire.

1

2

**AEGOPODIUM PODAGRARIA :** l'herbe-aux-goutteux se rencontre surtout sous sa forme panachée ('Variegata' 1). C'est une espèce prolifique, portant des feuilles peu découpées, et qui peut former un tapis dense. Elle perd ses feuilles en hiver et peut devenir envahissante, bien que dans une composition en hydroponique sa vigueur soit diminuée. Son principal intérêt réside dans sa bonne tenue à l'ombre. À utiliser comme second choix.

**AGROSTIS :** graminées poussant non pas en touffe érigée mais en longs stolons portant des feuilles assez courtes et soyeuses. *A. stolonifera* est commune dans les gazons. Sur une paroi végétale, elle permet de confectionner une illusion de cascade très intéressante, puisque ses tiges peuvent retomber de près d'un mètre. Elle ne grimpe pas et supporte un faible ensoleillement. À placer à une situation assez humide, à proximité de végétaux non touffus de la base (pour la laisser pendre).

**AIRELLES (*VACCINIUM*) :** ces cousines des myrtilles forment des buissons prostrés aux feuilles arrondies, qui se parent de baies rouges à l'automne. Assez tapissantes, elles ont l'avantage d'apprécier l'humidité stagnante (ce qui n'est pas le cas des myrtilles) et le manque de lumière ; de plus, leur feuillage est persistant. Les *Pernettya* sont des plantes proches, aux feuilles pointues et portant des baies blanches ou roses. Elles ont les mêmes propriétés et exigences. À employer comme couvre-support, sur les bords.

**ALCHÉMILLE 2 :** ces vivaces déploient un très beau feuillage vert d'eau, jouant avec les gouttes. Les feuilles sont élégamment ondulées et pourvues de petites dents et la touffe émet des inflorescences de minuscules fleurs d'un vert acide contrastant avec le feuillage. À côté de la plus répandue (*Alchemilla mollis*), il existe des espèces à feuilles plus découpées, comme *A. alpina*. Toutes sont d'excellentes plantes de mur végétal, aimant l'humidité continuelle du support, mais elles ont l'inconvénient de disparaître en hiver. À planter par groupes pour bien couvrir le support.

**ASTILBE 3 :** c'est par leurs panaches roses, rouges ou blancs que se distinguent ces plantes vivaces assez hautes (environ 50 cm). Leur feuillage vert sombre et découpé en grosses folioles à bords irréguliers est bien adapté à l'ombre. Elles n'aiment rien tant que l'humidité comme celle d'une paroi végétale, dans laquelle elles se plairont. Il en existe de très nombreuses variétés, mais on notera l'intérêt des plus récentes, plus compactes (comme 'Love and Pride' ou 'Weisse Gloria'). Certaines ont le feuillage pourpre ('Lollypop', 'Flamingo') ou plus découpé, presque comme une fougère ('Perkeo'). Installez-les dans la moitié inférieure, si possible à côté de feuillages fins. Les barbes-de-bouc (*Aruncus*) sont des plantes voisines mais au port très haut (plus d'un mètre), ce qui les rend inadaptées à un usage sur paroi.

**BACCHARIS 4 :** très adaptées aux conditions de parois suintantes, ces plantes ne sont pas très spectaculaires. Mais *B. genistelloides* se détache des autres grâce à son allure très singulière : il forme des tiges ailées d'un vert vif, mais sans feuilles. C'est un végétal qui se développe surtout en largeur (il adopte un port retombant). Parfait pour apporter une note contemporaine ou un effet « architectural » à l'ensemble. La plante est bien rustique et couvre beaucoup le support en s'enracinant aux nœuds.

***BEGONIA EVANSIANA* 5 :** seul bégonia rustique (jusqu'à - 8 °C environ), il produit un feuillage d'un vert tirant sur le jaune délicatement parcouru de veines pourpres. Des fleurs roses se forment au-dessus, retombant avec grâce. Cette espèce constitue sans conteste l'un des « must » des parois végétales d'extérieur, car il s'y plaît beaucoup. À placer en situation non détrempée (mais humide), dans les parties les plus ombragées. En région froide, pensez aussi à faire hiverner à l'abri quelques petits bulbes récupérés à la base en automne. Il existe quelques bégonias aux caractéristiques similaires (comme *B. sutherlandii*, aux fleurs orange) mais leur diffusion est plus restreinte.

1

2

3

**BERGÉNIAS 1 :** ces vivaces à grosses feuilles rondes sont populaires depuis longtemps dans les jardins. Sur un mur, on appréciera autant leur feuillage ample que leurs fleurs roses ou blanches. Elles se développent en surface et non en hauteur, ce qui les rend intéressantes pour couvrir le support. Préférez les variétés à feuilles pourpres (comme 'Morgenröte' ou 'Magic Giant'). Peut-être placé à l'ombre mais à exposer au soleil si le feuillage est pourpre. Placez-en plusieurs (la pousse est lente), plutôt dans la partie supérieure.

***BESCHORNERIA* 2 :** ce cousin des agaves, auquel il ressemble beaucoup, n'est pas très rustique (- 7 °C) mais aime l'humidité, ce qui le rend utilisable en hydroponie verticale. Il forme de grosses rosettes de feuilles grises et molles (dépourvues de pointes) et, lorsqu'il a atteint une taille suffisante, une inflorescence de couleur rouge corail pouvant atteindre deux mètres. À placer en plein soleil, sur une partie non détrempée.

**BUDDLEIA :** les « arbres à papillons » aiment davantage l'humidité qu'on le pense, et les parois suintantes leur conviennent très bien. Les variétés produisent des épis pourpres (comme 'Black Night') ou blancs ('White Profusion'). On en rencontre aussi des variétés à végétation plus modeste, comme 'White Balls' ; ce dernier est à préférer car il ne ressème pas (le buddleia pose des problèmes en s'échappant dans la nature). *Buddleia nivea* est aussi à rechercher pour son feuillage couvert d'une toison blanche et cotonneuse. Dans tous les cas, il faudra tailler l'arbuste une fois par an, assez court (à 30 cm), afin qu'il n'envahisse pas le reste de la composition.

**BUGLE (AJUGA) 3 :** ces vivaces tapissantes forment des feuilles assez irrégulières et brillantes. On préférera les variétés de couleur foncée (comme 'Atropurpurea' ou 'Black Scallop') ou multicolores (comme 'Rainbow' ou 'Burgundy Glow'). Les bugles apprécient les parties détrempées et très bien éclairées. À placer à proximité des goutteurs mais en hauteur, si la paroi est peu ensoleillée.

**Bulbine** 4 **:** plante curieuse formant des touffes de feuilles allongées et épaisses, très aqueuses. La plante se maintient à bonne distance (15 cm) du support par des racines aériennes, de sorte que sa tige se développe comme si elle était portée. Les bulbines produisent des épis de petites fleurs et de longue durée, de couleur jaune ou orange. Cette plante facile n'est hélas pas très rustique (-5 °C), mais il est facile d'en hiverner une bouture à l'abri. À placer dans une zone peu humide et en plein soleil.

4

**Carex :** les laîches (qu'on confond souvent avec les graminées) constituent d'excellentes vivaces pour une paroi végétalisée. Leur facilité de culture, leur aspect net et leur diversité les rendent de plus en plus populaires. On peut en distinguer trois catégories : les gazonnants, ceux produisant une touffe dense et ceux poussant surtout en hauteur. Dans les premiers, on trouvera surtout des feuillages panachés et assez larges, destinés à couvrir le support : *C. siderosticta*, *C. morrowii* sont les plus communs (on trouve surtout leurs formes panachées ou dorées). Les seconds donnent du graphisme à une composition, puisque leur feuillage se détache du couvert comme une chevelure : c'est le cas de *C. testacea* 6 et de *C. oshimensis*, très élégants. Enfin, les derniers poussent comme des petits bambous, en plus souples. Ils sont assez grands et doivent gagner la partie inférieure de la composition : *C. muskingumensis, C. pendula, C. buchananii*, etc. Ces plantes gardent leurs feuilles tout l'hiver (à quelques exceptions près), sont totalement rustiques et ne demandent aucun entretien. *C. grayi* porte de curieux fruits, comme des boules épineuses 5.

5

6

**Chrysanthèmes** ***(Dendranthema)*** **2 :** ces vivaces ont l'avantage d'apporter de la couleur en automne et d'apprécier les conditions de l'hydroponie. Les variétés les plus sophistiquées (comme les chrysanthèmes 'Spider', aux capitules effilés), ne sont pas les plus rustiques. Il faudra donc surtout s'intéresser aux « marguerites d'automne », tout aussi colorées. Dans un genre proche, on pourra aussi implanter *Ajania pacifica* 1, un petit chrysanthème à fleurs jaunes, pourvu d'un feuillage argenté. Il reste bas et aime le soleil.

***Convolvulus cneoreum*** **3 :** ce liseron arbustif forme un dense feuillage argenté qui le rend très approprié pour les situations ensoleillées, voire ventées. Il ne supporte pas les supports détrempés si la température est fraîche. Ce petit buisson a l'avantage de ne pas se dégarnir de la base. Un liseron à fleurs bleues (*C. sabatius* 4) peut aussi avoir son intérêt sur un mur végétal, car il est très florifère. Il ne résiste pas à de très grands froids (-8 °C environ), ce qui le destine aux régions à hivers doux ou aux compositions situées en centre-ville.

**CORNOUILLERS (*CORNUS*)** : ces arbustes présentant un intérêt variant selon l'espèce considérée. On distingue en effet les petites espèces, plutôt tapissantes, des grandes. Les premières (*C. canadensis, C. suecica* 5) ne dépassent pas 10 cm de haut et portent des tiges à 4 feuilles, un peu comme des trèfles géants. Chacune s'orne d'une grande fleur blanche, puis de fruits rouges. Ils se propagent sur le support par des stolons. À placer en partie basse, ombragée, à l'écart des zones détrempées du support. Le second type de cornouiller comprend les buissons cultivés pour la couleur vive de leurs rameaux et aussi de leurs feuilles, en particulier *Cornus alba* et *C. sanguinea*. Certains forment des branches rouges ('Sibirica'), vert-jaune ('Flaviramea') et parfois orange fluo ('Winter Flame'). Toutes ces variétés doivent être taillées à ras en fin d'hiver. Malgré cela, ils prennent de la place dans la composition et il ne faudra pas en planter trop. En revanche, les conditions très humides de l'hydroponie leur conviennent parfaitement.

5

**CORYDALIS :** les corydales sont des plantes vivaces aux feuilles fines et à la floraison délicates. Elles ont un penchant naturel pour les parois humides, d'où une croissance sans souci sur une paroi végétale. *C. lutea* 6, le plus courant, possède des fleurs jaunes et un feuillage assez découpé, d'un beau vert mat. *C. cheilanthifolia*, plus rare, mime une fougère… qui fleurirait jaune ! Enfin, il en existe une espèce à fleurs bleues (*C. flexuosa*), très délicate. À placer à l'ombre et à planter en plusieurs exemplaires : la plante, de courte durée de vie, se ressème d'elle-même.

6

**CYRTOMIUM :** cette fougère (*C. falcatum*) aux frondes peu découpées mais coriaces apporte de la structure à un ensemble assez ras, puisqu'elle ne dépasse pas 50 cm de haut. Sa couleur vert sombre met en évidence des floraisons plus éclatantes ou bien des feuillages colorés. Elle pousse bien dans les parties sombres, mais n'aime pas les supports très détrempés.

**DICHONDRA** 1 **:** petite vivace gazonnante aux feuilles rondes, le *Dichondra* couvre rapidement le support, à l'ombre comme au soleil. Ce n'est pas une espèce extraordinaire mais une bonne solution pour masquer le support au pied de plantes plus grandes.

**DIERAMA :** cette grande plante (80 cm) forme des feuilles linéaires comme des rubans, peu nombreuses et pas très ordonnées. En saison, elle produit des inflorescences fines portant à l'extrémité des fleurs en cône renversés, se balançant au vent. Cette allure gracile lui vaut largement son surnom de « canne à pêche des anges ». L'effet sera d'autant plus spectaculaire que vous la placerez en hauteur, de façon à ce que la floraison surplombe le regard. Elle aime l'humidité mais sans excès et a besoin de beaucoup de soleil.

**DUCHESNEA** 2 **:** ce cousin du fraisier s'en distingue par ses fleurs jaunes et ses baies trop exposées au-dessus du feuillage pour être honnêtes. Bien que comestibles, ses fruits n'ont aucun intérêt gustatif. En revanche, ils sont très décoratifs. La plante forme un gazon dense, parfois un peu envahissant, qui peut coloniser rapidement une grande surface, du moment qu'elle n'est pas détrempée. Le *Duchesnea* se ressème abondamment. Si vous souhaitez une variante plus disciplinée, optez pour le *Waldestenia*, une vivace d'allure identique mais qui se propage lentement et ne se ressème pas.

**ECHINACEA :** ces vivaces à fleurs de marguerites ne sont pas emblématiques des compositions verticales, mais elles sont à la mode et poussent sans problème. Elles offrent le meilleur compagnonnage du moment avec les heuchères. Les variétés offrent des capitules très sophistiqués, à toupets, très doubles, comme 'Razzmatazz' 3, ou savamment colorés. Le type de plante par excellence qui ajoute un peu de sophistication à une composition uniforme !

**EPIMEDIUM 4 :** ces vivaces valent par leur feuillage chamarré de vert et de rouge, qui cache une souche épaisse. Il existe une grande diversité d'*Epimedium*, aux feuilles toujours composées mais plus ou moins allongées et brillantes. Tous montrent un intérêt esthétique. En effet, leur floraison n'est pas spectaculaire mais très délicate, ce qui apporte un attrait supplémentaire. Ils apprécient beaucoup l'ambiance d'une paroi végétale, même dans les parties les plus humides. Ils s'y développeront moins qu'en pleine terre, mais ils apporteront cette touche de naturel toujours bienvenue dans un assemblage hétéroclite. *E.* x *perralchicum* est le plus coloré et le plus vigoureux. L'entretien se borne à couper les feuilles fanées, certains restant en végétation toute l'année.

4

**EUCALYPTUS :** ces arbres australiens, réputés pour leur résistance à la sécheresse, apprécient aussi la riche alimentation de l'hydroponie. À condition de choisir une espèce de faible développement, il sera tout à fait possible d'en installer un sur une paroi végétale, dans la partie supérieure (pas trop imbibée). *E. pauciflora* var. *niphophila* constitue la meilleure espèce à introduire, car il se développe peu et résiste bien au gel, ainsi qu'au vent. À défaut, *E. parviflora* et *E. cinerea* devraient aussi convenir, bien que moins rustiques. Si les sujets se développent de trop, il faudra les tailler. Ils supportent une coupe à ras.

4

**Euphorbes *(Euphorbia)* :** ce genre immense comporte une très grande diversité. En matière de paroi végétale, le choix sera pourtant assez restreint, puisque la plupart sont des plantes de terrain sec et ensoleillé. L'exception est fournie par l'euphorbe des bois (*E. amygdaloides*) dont une variété pourpre ('Rubra') apporte un feuillage aux reflets de velours et une floraison d'un vert acide très lumineux. Une autre variété ('Robbiae') pousse en colonie dense, couvrant le support. Cette euphorbe a besoin d'ombre. Malgré son surnom, l'euphorbe des garrigues (*E. characias*) vient bien sur une paroi végétale, si elle n'est pas trop humide et bien exposée. Elle forme un buisson régulier au feuillage bleuté très intéressant. Elle vit longtemps et se ressème si elle se plaît. Une variété très pourpre ('Red Wing' 2) a l'avantage de rester compacte et de produire des inflorescences d'un vert vif contrastant avec le feuillage. En zone clémente, on pourra tenter l'euphorbe 'Diamond Frost' 1, qui produit en permanence une pluie de pétales blancs se déployant comme une vapeur. La plante s'enracine aux nœuds et apprécie les conditions de paroi humide : un excellent choix.

**Fougères 3 :** comme pour les compositions d'intérieur, les fougères sont des plantes incontournables. La plupart, si ce n'est toutes, conviennent à une culture en hydroponie verticale. Mais contrairement à leurs cousines tropicales, les fougères rustiques offrent moins de diversité de forme. La plupart possèdent des frondes délicatement découpées, mais que seul un œil avisé saura distinguer d'une espèce à l'autre.



*Dicksonia antartica*

1

2

3

Quelques exceptions : la langue de cerf (*Phylittis*), aux frondes entières en forme de lanières brillantes, la fougère-peigne (*Blechnum spicant* 1) et la fougère argentée (*Athyrium nipponicum*), parée de gris et de violet. En zone très abritée et pas trop ensoleillée, on pourra aussi tenter une fougère en arbre (*Dicksonia antartica*), en installant un plant issu de semis (trop jeune pour posséder un stipe). Une telle fougère pousse lentement mais sûrement et prend de l'ampleur, donc de la place. Mais sa couronne régulière et l'apparition progressive d'un tronc (au bout de plusieurs années) valent qu'on l'essaye.

**FRAISIERS :** à condition de ne pas les placer dans un endroit trop humide de la composition végétale, les fraisiers pourront se développer en un charmant tapis et donner des fruits en bonne quantité. Toutes les variétés peuvent convenir, du moment qu'elles produisent des stolons, leur permettant de s'étendre. Certaines sont toutefois tellement prolifiques qu'elles peuvent poser problème (comme 'Abricot', 'Capron Royal' ou 'Gariguette'). Installez de jeunes stolons (munis de quelques racines) plutôt que des plants développés en godet : ils supporteront d'autant mieux le passage en hydroponie. Si vous souhaitez vouer votre mur à la production fruitière sans perdre en esthétique, employez les fraisiers comme couvre-support et plantez de plus grandes espèces entre les pieds. Sachez enfin qu'il existe des variétés à fleurs colorées, ce qui rajoute à leur attrait, comme 'Vivarosa' 2 ou 'Pink Panda'.

**FUCHSIA :** plusieurs variétés de ces arbustes bien connus, aimant la fraîcheur et l'appui d'un mur, apprécieront les conditions offertes par une paroi végétale. Ce sont surtout les formes du fuchsia de Magellan (*F. magellanica*, à nombreuses petites fleurs pendantes) qui sont le plus facilement acclimatables dans de telles conditions. À fleurs blanches (var. *molinae*), à feuilles panachées ('Versicolor', var. *molinae* 'Variegata' 3) ou dorées ('Aurea'), il y en aura pour tous les goûts. Les fuchsias hybrides (à grosses fleurs) sont assez peu adaptés car ils demandent un support moins humide et ne résistent pas aux gelées. 'Lyes Unique' est sans doute la plus résistante. Enfin, les fuchsias botaniques sont variés mais frileux. La plupart ont un port plus dressé qu'étalé et devront donc être associés à d'autres végétaux afin de ne pas déséquilibrer la composition. Un cousin, le fuchsia de Californie (*Zauschneria californica*, aussi appelé *Epilobium canum*), produit des fleurs rouges en tube sur un feuillage argenté. C'est une bonne plante de composition verticale, à placer très au soleil. Il couvre plus le support que les fuchsias.

**Fusains** *(Euonymus)* 4 : ces arbustes résistants gardant leurs feuilles toute l'année et, se satisfaisant bien de l'hydroponie verticale, sont à privilégier. C'est surtout *E. fortunei,* dont les rameaux s'enracinent naturellement lorsqu'ils touchent le support, qu'il faut choisir. La variété panachée de jaune ('Emerald and Gold'), un grand classique des jardins, résiste très bien au gel, au soleil. L'hiver, elle prend une couleur rose très intéressante. Il existe une grande diversité de variété. Leurs rameaux souples doivent être fixés au support pour les forcer à s'y enraciner, et ainsi couvrir le support. Toutes les espèces de fusains (même caduques) peuvent être cultivées à la verticale. Seul défaut : les fusains persistants sont sensibles à une cochenille qui peut causer beaucoup de dégâts.

4

**Geranium** : ces vivaces (à ne pas confondre avec les Pelargoniums) se satisfont volontiers des conditions offertes par l'hydroponie, si le site est assez lumineux. Leur diversité est considérable, puisqu'il faudra choisir parmi des dizaines de variétés. Beaucoup ne se distinguent que par un détail, et la forme du feuillage est toujours la même : des feuilles découpées ou palmées, couvertes d'une toison plus ou moins dense, d'où émergent des fleurs roses, plus rarement bleues ou blanches. Tous forment, en culture verticale, un couvert assez dense et retombant (sauf pour *G. macrorrhizum* 5, assez trapu). Ils s'étendent peu. Ils ne rejettent pas et il faudra veiller à les planter assez densément (10 à 15 pieds au m$^2$), même si certains peuvent ensuite se ressemer dans le support (comme *G. endressi*). Dans les parties les plus humides de la composition, placez *G. palustre* ou *G. soboliferum*.

5

**Glechoma hederacea** : le lierre terrestre se rencontre surtout en culture sous sa forme panachée ('Variegata' 6). C'est une petite vivace tapissante à feuilles arrondies et dentées, bordées de blanc, tandis que le centre est d'un vert clair. C'est une plante à utiliser comme bouche-trou, qui se faufilera entre des plantations bien établies, puisqu'elle s'enracine aux nœuds. Toutes les conditions ou presque, lui conviennent, à l'exception du soleil brûlant.

6

**GRAMINÉES :** quelle que soit l'allure de la composition que vous souhaitez, les graminées auront quelque chose à vous apporter. Les espèces poussant en touffe mettent les autres plantations en valeur, donnent du style à l'ensemble et comblent les trous sans faire perdre de l'intérêt au reste. De plus, la culture hydroponique leur convient bien. Ce sont surtout les fétuques (*Festuca*) qui vous seront utiles. Ces vivaces forment de sages touffes ébouriffées, vert sombre ou bleues. *Festuca scoparia* forme une sorte de carpette vert émeraude, très homogène, tandis que 'Elijah blue' forme des boules bleu ciel. Notez que les graminées drageonnantes (comme le chiendent de mer, *Elymus arenarius*) sont mal adaptées à la culture sur paroi car leurs rhizomes s'accommodent mal de la présence d'un support textile. En doré, utilisez le très élégant *Hakonechloa macra* 'Aureola' 1.

**HÉMÉROCALLES :** ces vivaces incontournables au jardin le sont beaucoup moins sur les murs végétaux, car leur végétation est inadaptée (feuilles trop grandes, encombrantes, caduques et racines charnues). Néanmoins, une variété se distingue des autres : 'Stella de Oro' 2. En fleur tout l'été – c'est la seule variété à fleurir autant –, elle possède des petites feuilles qui ne s'affaissent pas sur les plantes en dessous. Son petit développement la rend compatible avec le reste d'une composition végétale. Il en existe une variante naine ('Mini Stella'), qui forme presque un gazon. À placer dans une zone ensoleillée, même détrempée en permanence.

**HEUCHÈRES :** ces dernières années, ces vivaces à feuillage coloré se sont répandues à toute vitesse. C'est le genre à se faire remarquer ! Formant une touffe basse plutôt qu'un tapis, elles apprécient beaucoup les conditions d'une paroi végétale, à l'ombre ou à la mi-ombre. Les conditions détrempées peuvent leur convenir sans trop de souci. 'Caramel' est une variété orange au revers mauve qui a été très remarquée, mais on retiendra aussi 'Lemon Pie', d'un jaune pur, 'Sunspot', jaune clair éclaboussé de rouge 3 ou 'Chocolate Ruffles', panaché de violet et d'argent. Les *Heucherella* sont des plantes très proches aux feuilles plus petites et au port un peu plus tapissant. Elles ont en plus l'avantage d'une floraison vaporeuse, rose ou blanche. Parmi les plus classiques, notez 'Sunspot', qui mêle le vert clair au marron.

Heuchère 'Tiramisu'

1

2

3

1

**HIBISCUS MOSCHEUTOS 1 :** cet hibiscus forme de très grandes fleurs, pouvant atteindre jusqu'à 20 cm de diamètre (chez certaines variétés, comme 'Luna Pink'). Il s'adapte bien à la culture sur paroi. Il forme un petit buisson de 50 cm de haut, portant ses fleurs vers l'extrémité des rameaux pendant plusieurs mois, jusqu'aux gelées (ou jusqu'au début de l'hiver en climat doux). À installer en compagnie de végétation basse.

2

**HORTENSIAS *(HYDRANGEA)* 2 :** les hortensias aiment les parois humides et ombragées, qu'ils éclairent de leurs grosses panicules. Mais ils forment de gros arbustes qui peuvent se révéler encombrants. Dans la pratique, les variétés d'*Hydrangea paniculata* sont les plus adaptées à l'humidité stagnante, mais celles d'*H. macrophylla* (l'hortensia « classique ») résistent bien aussi. Pour les premiers, retenez les récents : 'Limelight' et 'Vanille-Fraise', respectivement vert acide et rose en fin de floraison. Pour les seconds, 'Belladonne', 'Hörnli' et 'Pia' sont recommandés, car ils ne sont pas très volumineux (80 cm au plus) et ne posent pas de problèmes d'encombrement.

3

**HOSTAS 3 :** les rois de l'ombre (parfois encore appelés funkias) font partie du « must » des parois végétales, car ils se développent bien dans ces conditions. Leurs larges feuilles bleutées ou panachées recréent bien une ambiance de falaise tropicale. Toutes les variétés conviennent, depuis les géants ('Sum and Substance' ou 'Big Mama') jusqu'aux plus petits (*Hosta venusta* et ses variétés). Les variétés panachées sont aussi intéressantes. Seul point faible, mais de taille, ils perdent leurs feuilles tôt, à la fin octobre et ce, jusqu'en avril ; durant 6 mois, le support restera à nu...

**HOUTTUYNIA** 4 **:** il s'agit d'une plante aromatique aux odeurs citronnées lorsqu'on la froisse. On rencontre surtout sa variété 'Cameleon' aux feuilles mêlant le rouge, le blanc et le vert, avec des nuances d'orange. Elle peut être assez « flashy » et apprécie beaucoup les endroits humides et lumineux.

4

**IRIS :** seules les variétés de terrain frais peuvent être installées de façon durable sur une paroi. *I. japonica* donne de très bons résultats, puisqu'il forme une masse de feuilles en forme de lance retombant gracieusement sur la végétation située en dessous. Il en existe une variété panachée ('Variegata'), moins vigoureuse et moins spectaculaire. Dans les endroits les plus humides, voire détrempés en permanence, les iris de marais (*I. pseudoacorus, I. sibirica* 5 et *I. leavigata*) pourront être installés. Préférez les formes cultivées, plus florifères et plus colorées. Toutefois, ces iris sont assez encombrants car leur feuillage est plus érigé qu'*I. japonica.*

5

**LAMIERS *(LAMIUM)* :** c'est en sous-bois que se développent habituellement ces vivaces un peu traçantes. Sur une paroi végétale, elles vont avoir tendance à former une sorte de rideau descendant s'insinuant dans la végétation située en dessous. C'est un bon couvre-support, mais sans doute pas le plus optimal car les pousses ont tendance à s'éloigner de la paroi. On cultive surtout le lamier maculé (*L. maculatum*), qui possède des feuilles argentées. 'Beacon Silver' et 'White Nacy' sont les plus appréciés. On cultive aussi le lamier jaune des bois (*L. galeobdolon*), sous une forme horticole très contrastée ('Herman's Pride' 6). Idéal pour éclairer une zone très à l'ombre.

6

**LANTANA** 1 **:** cet arbuste à feuilles très parfumées et aux fleurons colorés se cultive habituellement comme plante de véranda. Il peut trouver place sur un mur végétal à condition que celui-ci se situe en région à hiver doux, car il périt au moindre gel. Le lantana est très adapté à la végétalisation en région méditerranéenne.

**LEYCESTERIA :** surnommée herbe-aux-faisans, ce buisson (*L. formosa*) forme des guirlandes retombantes de fruits pourpres, qui apportent de la couleur en automne. En hiver, ses tiges nues et vertes font penser à une sorte de petit bambou. Il ne nécessite aucun entretien. La variété 'Golden Lantern' 2 possède des feuilles d'un jaune-vert très équilibré car pas trop voyant, qui le rend très attractif dans une composition.

**LEZPEDEZA :** cet arbuste (*L. discolor*) a la particularité de former de longs rameaux arqués et retombants. À l'extrémité se forme un bouquet de fleurs de forme similaire à celles du pois mais d'un rose-violet soutenu. Sur une paroi, sa floraison se détache à la façon d'une fontaine, ce qui produit un effet intéressant. S'il aime les conditions fraîches, ce n'est pas pour autant une plante destinée aux zones les plus humides du support. La plante se développe peu et il sera prudent d'en garnir le pied avec une plante poussant en touffe haute.

**LIERRES (*HEDERA*) :** déjà présentés dans notre sélection de plantes d'intérieur, ceux-ci ont en extérieur les mêmes avantages mais des inconvénients plus marqués. Leur pousse excessive peut les conduire à déséquilibrer une composition entière, d'autant plus qu'ils n'ont pas besoin d'hydroponie pour coloniser un mur. Choisissez des variétés de tailles modestes (à petites feuilles très découpées ou très panachées, elles poussent moins) et apprêtez-vous à les tailler dès que nécessaire. Pensez aussi aux variétés « arbustives » comme 'Ice Cream' 3 (en fait des lierres au port particulier, non tapissants). Leur totale rusticité permet de les utiliser comme des boules persistantes à accrocher en hauteur, même si la situation est exposée.

**LUZULES** ***(LUZULA)*** **:** cousins des laîches (ou carex), ces vivaces ressemblent aussi aux graminées, dont elles se distinguent par leurs larges feuilles bordées de poils. On s'intéressera surtout à *L. sylvatica*, qui forme de belles étendues gazonnantes (hautes de 30 cm tout de même), en situation ombragée. Il en existe une forme à bords jaunes ('Marginata' 4), tout aussi vigoureuse et d'aspect un peu moins sauvageon. La plante couvre bien le support, mais se développe lentement. Sa floraison n'a aucun intérêt.

**LYSIMAQUES** ***(LYSIMACHIA)*** **:** ces plantes de bord d'eau aiment les conditions détrempées que l'on trouve à la base des compositions d'extérieur. C'est surtout *L. nummularia* 'Aurea' (l'herbe aux écus) qui est intéressante, grâce à ses feuilles arrondies et dorées, formant un tapis très lumineux. Elle s'enracine aux noeuds et constitue de ce fait un excellent couvre-support. Sa floraison passe inaperçue car ses fleurs jaunes se fondent dans le feuillage. Les autres espèces (*L. punctata* 5 et *L. clethroides* surtout) prennent un port plus érigé, moins adapté à la culture verticale.

**Ophiopogon** 1 : l'herbe-aux-turquoises doit son surnom à la couleur bleu-vert de ses baies, se détachant sur ses feuilles d'un vert très sombre. Formant une sorte de gazon régulier, cette vivace apprécie les milieux détrempés. C'est surtout la variété noire (*O. planiscapus* 'Nigrescens') que l'on apprécie. C'est l'une des plantes au feuillage le plus sombre qui soit. On cultive aussi *O. japonicus* 'Nana', qui forme un gazon nain très élégant. Ces plantes ont l'inconvénient de pousser lentement et il faut les planter densément (25 à 30 plants au m²). *Liriope muscari* est une plante proche à épis violets, d'exigence identique, mais de croissance un peu plus rapide.

**Orpins (Sedum) :** ces plantes succulentes ont une telle faculté d'adaptation qu'elles acceptent de pousser sur un support détrempé. Les orpins d'automne (*S. spectabile* et *S. telephium*) sont les plus intéressants à cet égard. Ils forment une touffe de tiges épaisses au feuillage bleuté et de larges panicules roses en fin d'été. Leur système racinaire, très plastique, s'accommode très bien des supports artificiels comme la nappe horticole. Il existe une grande diversité de variétés, à feuillage panaché ('Beka', 'Autumn Charm') ou pourpres. Ces derniers sont très à la mode et vont du pourpre clair ('Matrona') jusqu'au presque noir ('Purple Emperor', 'Bon-Bon' 2). Les autres orpins sont à utiliser comme couvre-support, en sachant qu'ils adopteront un port très retombant. Les meilleurs d'entre eux sont *S. camtschaticum* et *S. spurium*.

***Osteospermum*** 3 : ces marguerites exotiques ont l'avantage de former des capitules roses, blancs ou violets à profusion. Méditerranéennes par excellence, elles aiment les terrains frais, ce qui explique leur adéquation avec la culture en hydroponie. 'Whirligig' forme ainsi des « pétales » (des fleurs ligulées) comme pincés, lui conférant un air particulier. À placer en plein soleil et à tailler lorsque la base tend à se dégarnir.

4

5

**PACHYSANDRA 4 :** couvre-sol d'ombre, cette vivace forme aussi des tapis denses à la verticale, là où le soleil ne brille jamais. Une variété panachée ('Variegata') apporte un peu de luminosité. Il s'agit de la seule variante couramment trouvée dans le commerce. À associer avec des plantes graphiques ou colorées, afin que ces dernières puissent ressortir par-dessus.

6

**POTENTILLES :** ce genre (*Potentilla*) regroupe des arbustes et des vivaces, dont certaines sont très adaptées à la culture sur mur végétal. On retiendra la potentille arbustive (*P. fruticosa*), dont la variété à fleurs oranges ('Red Ace' 6) a fait ses preuves depuis longtemps ; ses petites feuilles découpées donnent un effet de fourmillement intéressant. La plante a tendance à mal vieillir et il faut veiller à pincer les pousses au printemps pour qu'elle reste trapue. Côté vivaces, on note des variétés à grosses fleurs, comme celles de *P. atrosanguinea*, plus guères à la mode et donc devenues assez difficiles à trouver. *P. anserina* 5, l'herbe-aux-oies, est une espèce sauvage possédant un feuillage argenté très intéressant. La plante couvre rapidement un support, surtout si la surface est trempée.

7

**POLYPODE VULGAIRE 7 :** cette fougère commune sur les vieux murs (*Polypodium vulgare*) est aussi bien adaptée à la croissance sur une paroi végétale lorsque celle-ci n'est pas trop humide. Son intérêt tient à ce qu'elle résiste bien aux intempéries (soleil, vent, froid) et qu'elle couvre le support. Il existe d'autres espèces européennes de polypodes, mais celles-ci n'offrent rien de plus que le plus commun d'entre tous.

1

**Renouées :** avec les persicaires, ces plantes forment un groupe assez homogène, appartenant au genre *Polygonum*. Toutes aiment la moiteur persistante des parois végétales et une ombre partielle. *Polygonum bistorta* (*P. affinis* ou encore *Bistorta affinis* 1) forme une masse de feuilles en forme de lances larges d'où émerge une multitude d'inflorescences roses, formant de loin l'impression d'un nuage coloré. Si la plante est assez haute (40 à 50 cm), elle couvre bien le support. *P. capitatum* est aussi un bijou en son genre, avec ses feuilles de velours, mais peut devenir envahissant. Le *Persicaria* 'Red Dragon' 2 possède des feuilles de forme similaire et intensément colorées de pourpre. Ses tiges deviennent rouge vif durant la saison.

2

**Ruscus :** si l'on connaît le fragon de nos bois (*R. aculeatus*), c'est surtout à l'herbe-aux-langues (*R. hypoglossum*) que l'on s'intéressera pour végétaliser une paroi. Cette espèce forme un abondant feuillage vert foncé luisant, en touffes basses de 30 à 40 cm de haut. Ce *Ruscus* est très résistant à l'ombre et forme une petite colonie. À utiliser en couvre-support, au pied d'une espèce de grand développement.

3

**Sanguisorbe :** cette vivace de milieu très humide (*Sanguisorba tenuifolia*) est parfaitement adaptée à la culture sur support détrempé, comme les renouées bistortes. Son feuillage découpé en dents acérées lui donne un air assez graphique et ses longs épis blancs la distinguent encore plus. *S. obtusa* 3 possède des épis un peu plus gros et plus colorés. Ce sont toutes deux de grandes plantes élancées (plus de 1,50 m), qu'il vaut mieux placer sur le côté de la composition.

**SAUGES** 4 **:** bien qu'on les considère comme des plantes de terrains secs et donc inappropriées pour une culture en hydroponie, certaines sauges peuvent très bien convenir. Il suffit pour cela de choisir les sauges à petites feuilles (*Salvia grahamii*, *S. greigii*, *S. microphylla*...). Elles ont en commun de former des touffes lâches de petites feuilles au parfum de bonbon et de fleurir presque toute l'année en situation abritée. Elles sont roses ou rouges, bien que l'on trouve des variétés bicolores, comme 'Hot Lips'. Toutes nécessitent un rabattage régulier, en fin d'hiver.

4

**SAULES :** les espèces naines constituent de bonnes plantes pour toute paroi ensoleillée, à condition que le support ne soit pas détrempé. Le saule laineux (*Salix lanata*) est sans doute l'un des plus décoratifs avec ses feuilles grisées. Vous trouverez aussi assez facilement (chez de bons pépiniéristes tout de même) *S. herbacea* et *S. reticulata* 5, qui forment une souche épaisse d'où part une profusion de petites feuilles brillantes. Ce genre de plante est aussi intéressant pour son côté « bonsaï naturel ».

5

**SAXIFRAGE** 6 **:** ces petites plantes en rosette, proches des heuchères, font d'excellentes plantes de paroi hydroponique. Le plus joli saxifrage et le plus adapté d'entre tous est *S. sarmentosa* (*S. stolonifera*). Il aime l'ombre et les sols détrempés, si bien qu'on le trouve dans certaines parois suintantes auprès des fontaines. Il en existe plusieurs formes, à feuilles veinées d'argent ou au contraire d'un vert uni. Le revers est rouge et la plante se multiplie de place en place à l'aide de longs stolons, à la manière des fraisiers. *S.* x *geum* 'Dentata' est une autre variété intéressante mais difficile à trouver : ses feuilles sont régulièrement dentées, ce qui lui donne une curieuse allure. Les autres saxifrages ne sont pas aussi intéressants dans la mesure où il s'agit de petites plantes.

6

**Scolopendre 1 :** dite aussi langue-de-cerf, cette fougère (*Phylittis scolopendrium*) est très commune dans les murs sombres et humides. Elle sera parfaite au bas d'une paroi très peu éclairée. Elle supporte très bien les eaux calcaires. Son feuillage n'est pas découpé, mais il en existe plusieurs variétés frisées, comme 'Undulata' ou 'Cristata'. Leur look de salade ne plaît pas toujours ! Notez enfin que certains marchands confondent cette fougère avec le nid-d'oiseau (*Asplenium nidus-avis*), une grande espèce tropicale qui n'est pas rustique.

**Skimmia :** petits arbustes à feuilles luisantes d'un beau vert sombre, les skimmias sont très populaires en tant que plantes de jardinières d'automne. En composition verticale, on les utilisera dans les parties ombragées et sans soleil direct, dans les coins non détrempés mais bien humidifiés.

***Tiarella* 2 :** il s'agit d'une vivace formant un coussin de feuilles arrondies, couvrant assez largement le support. De longues inflorescences cylindriques s'en échappent en été. Comme de nombreuses plantes de la famille du saxifrage, cette vivace est adaptée aux conditions hydroponiques. Il existe de nombreux cultivars d'une espèce voisine (*T. wherryi*), qui a les feuilles plus découpées. Mais ils ne sont pas aussi décoratifs et variés que les *Heucherella*.

***Tolmeia* 3 :** cette vivace se cultive parfois comme plante d'intérieur, où on la connaît sous le nom de « poule et ses poussins », car elle produit des plantules directement au cœur des feuilles. Elle forme un large coussin qui s'étend grâce à ce curieux mode de reproduction. Sur une paroi, elle crée un tapis bas, sur lequel d'autres plantes peuvent être mises en valeur. C'est surtout la forme panachée (*T. menziesii* 'Taff's Gold') que l'on trouvera. À placer dans une zone peu ensoleillée de la composition et à éviter si la paroi est très exposée aux vents.

**TRADESCANTIA :** plantes de jardin très populaires, les tradescantias sont appréciables en paroi végétale, par leur floraison abondante et leur exigence d'humidité. On rencontre surtout des cultivars à fleurs pourpres (*Tradescantia* x *andersoniana*, dit aussi tradescantia de Virginie). Mais une variété récente, 'Sweet Kate' 4, se distingue par ses feuilles dorées contrastant avec les fleurs bleues. Effet exotique garanti !

**VALÉRIANE (CENTRANTHUS) 5 :** les valérianes poussant sur les murs se satisfont à merveille de la verticale ! Mise à part l'espèce-type (*C. ruber*), on également trouve une forme blanche ('Alba'), plus lumineuse. Une espèce voisine (*C. angustifolia*) possède des feuilles plus fines, mais elle est difficile à trouver. Toutes apprécieront une situation très ensoleillée sur la paroi et une zone peu humide : à éloigner des goutteurs.

**YUCCA 6 :** l'emblème des déserts américains étonne par ses capacités d'adaptation, puisque certaines espèces adorent l'hydroponie. C'est le cas du yucca à feuilles molles (*Y. flaccida*) et du yucca superbe (*Y. gloriosa*). Le premier forme une souche basse s'étendant en largeur et forme de nombreux épis floraux (blancs). Le second pousse plutôt en hauteur et forme un tronc garni d'une couronne de feuilles épaisses, d'allure très exotique. Le souci, concernant ces plantes, tient à la grande confusion régnant dans les circuits de vente, puisque les erreurs d'étiquetage sont fréquentes lorsqu'on ne s'adresse pas à un spécialiste. Certaines espèces ne sont pas très rustiques, mais toutes acceptent de toute façon de pousser en hydroponie.

## En résumé
## Les meilleures plantes pour l'extérieur

**S'il ne fallait garder que les meilleures, voici notre « Top 10 » :**

- *Acorus calamus*
- Agrostides
- *Begonia evansiana*
- Corydales
- Epimediums
- Heuchères
- Lysimaque dorée
- Ophiopogon
- Renouées
- *Saxifrage tomentosa*

**Sélection pour mur ombragé**

- Acores
- *Adiantum*
- *Aegopodium*
- Astilbes
- *Begonia evansiana*
- Bergénias
- Bugles
- *Cyrtomium*
- *Duchesnea*
- *Epimedium*
- *Glechoma*
- *Heucherella*
- Heuchères
- Hostas
- Lamiers
- Lierres
- Luzules
- *Pachysandra*
- *Ruscus*
- Saxifrage
- Scolopendre
- *Skimmia*
- *Tierella*
- *Tolmeia*

**Sélection pour mur très ensoleillé**

- Abutilon
- *Acaena*
- *Beschorneria*
- Buddleia
- *Convolvulus cneorum*
- Eucalyptus
- Euphorbes
- Graminées
- Orpins
- *Osteospermum*
- Valérianes
- Yucca

**Sélection pour zone méditerranéenne**

- Abutilon
- *Convolvulus sabatius*
- *Bulbine*
- Eucalyptus
- Hibiscus
- Lantana
- *Osteospermum*
- *Plumbago*
- Sauges
- Yucca

**Sélection pour zone ventée**

- Agrostides
- *Beschorneria*
- *Cyrtomium*
- *Convolvulus cneorum*
- Epimediums
- Eucalyptus
- Fuchsias
- Géraniums
- Saxifrages
- Skimmias
- Valérianes

**Sélection pour zone très froide**

- *Acaena*
- Acores
- *Aegopodium*
- *Agrostis*
- Airelles
- Alchémilles
- Bergénias
- Buddleia
- Carex (laîches)
- Cornouillers
- *Duchesnea*
- Fraisiers

Lierres
Saules

# CARNET D'ADRESSES

Une partie du matériel et des plantes mentionnées dans cet ouvrage se trouve en grandes surfaces (magasins de bricolage et jardineries). Néanmoins, le choix offert par ces dernières étant limités, il conviendra de se reporter aux établissements suivants pour les fournitures spécialisées. Il ne s'agit bien sûr pas d'une liste exhaustive.

## Matériel

**Les Jardins Suspendus**
Tél. : 01 41 71 35 43
*www.lesjardinssuspendus.com*

**Établissements Puteaux**
Tél. : 01 30 07 79 20
www.puteaux-sa.fr
(grosses quantités)

## Végétaux d'intérieur - plantes tropicales

**Dibleys**
*www.dibleys.net/fr*
(plants en micromottes)

**EARL Hodnik**
45700 St-Maurice-sur-Fessard
Tél. : 02 38 97 84 59
*www.hodnik.com*

**Tropicaflore**
10, r. de la Vigne aux Vieux
77710 Treuzy-Levelay
Tél. : 01 60 73 47 47
*www.tropicaflore.com*

## Végétaux d'extérieur

**Établissements Lepage**
Rue des Perrins,
49130 Les Ponts de Cé
Tél. : 02 41 44 93 55
*www.lepage-vivaces.com*

**F comme Fleur**
33 rue d'Acras, 54290 Bayon
Tél. : 03 83 72 46 39

**Jardin Express**
Bouvincourt, BP 90131,
80203 Péronne Cedex
Tél. 03 22 85 77 44
*www.jardinexpress.fr*
(plants en micromottes)

**Le Monde des Fougères** - Olivier Ezavin
955, Chemin du Puits,
06330 Roquefort les Pins
Tél. : 04 93 77 63 38
*www.pepinieres-ezavin.com*

**Pépinières Yves Dupont**
BP 8148, 45081 Orléans Cedex 2
Tél. 02 38 66 39 29
*www.fougeres.com.fr*

## Lutte biologique

**Harmonia - La protection biologique**
168, Route de Lignière
74540 Saint-Félix
Tél. : 04 50 60 99 30
*www.jardin-bio.com*

**La Maison des insectes** -
*Véronique Catteau*
13, Rue Georges Bizet, 44330 Vallet
Tél. : 02 40 33 79 17
*www.lamaisondesinsectes.fr*

# INDEX GÉNÉRAL

# INDEX DES NOMS DE PLANTES

## Abréviations

**COV** : composés organiques volatils
**EC** : électroconductivité
**EPDM** : Éthylène Propylène Diène Monomère
**HPS** : Sodium Haute Pression (*High Pressure Sodium*)
**MH** : métal halide
**OSB** : (*Oriented Strand Board*) panneau de lamelles orientées
**PAR** : rayonnement actif sur la photosynthèse (*Photosynthetically Active Radiation*)
**pH** : potentiel Hydrogène
**PVC** : (*polyvinyl chloride*) polychlorure de vinyle
**PE** : polyéthylène
**TH** : titre hydrométrique